TSINGHUA UNIVERSITY AND PEKING UNIVERSITY
The Best Study Habits

# 清华北大状元
## 告诉你的73个最优秀学习习惯

盛建武 张建华 / 编著

北京理工大学出版社
BEIJING INSTITUTE OF TECHNOLOGY PRESS

版权专有　侵权必究

### 图书在版编目（CIP）数据

清华北大状元告诉你的73个最优秀学习习惯／盛建武，张建华编著．—北京：北京理工大学出版社，2015.8（2021.7重印）

ISBN 978－7－5682－0696－9

Ⅰ．①清…　Ⅱ．①盛…　②张…　Ⅲ．①高中生－学习方法　Ⅳ．①G632.46

中国版本图书馆CIP数据核字（2015）第121808号

| | |
|---|---|
| 出版发行 / 北京理工大学出版社有限责任公司 | |
| 社　　址 / 北京市海淀区中关村南大街5号 | |
| 邮　　编 / 100081 | |
| 电　　话 /（010）68914775（总编室） | |
| 　　　　　（010）82562903（教材售后服务热线） | |
| 　　　　　（010）68948351（其他图书服务热线） | |
| 网　　址 / http://www.bitpress.com.cn | |
| 经　　销 / 全国各地新华书店 | |
| 印　　刷 / 三河市华骏印务包装有限公司 | |
| 开　　本 / 710毫米×1000毫米　1／16 | |
| 印　　张 / 16 | 责任编辑 / 刘　娟 |
| 字　　数 / 207千字 | 文案编辑 / 刘　娟 |
| 版　　次 / 2015年8月第1版　2021年7月第21次印刷 | 责任校对 / 周瑞红 |
| 定　　价 / 29.80元 | 责任印制 / 马振武 |

图书出现印装质量问题，请拨打售后服务热线，本社负责调换

# 前言

## 学习好不好，习惯最重要

培根说：习惯真是一种顽固而巨大的力量，它可以主宰人的一生。的确，一个人是否具备良好的习惯，对其一生都有着极为重要的影响。一个好的习惯能够成就一个人，创造一个传奇；一个坏习惯则会毁灭一个人，让天才走向平庸。

生活如此，学习亦如此。特别是对中学生来说，在中学时代能否养成好的学习习惯，决定了今后其人生能否攀登上巅峰。

只要我们善加留意，就会发现那些学习成绩优秀的学生，大都有着良好的学习习惯。这类学生从表面上看聪明智慧，学习成绩出色，但是假如我们仔细研究的话，就会发现他们身上的优点绝非仅此而已——他们每堂课都会专心听讲，他们的课堂笔记做得最好，他们按时完成老师布置的作业，他们善于复习和预习，他们自信而又严谨……

很多同学总是搞不明白这个问题：为什么大家同在一个班级，同听一个老师讲课，考试成绩却相差这么大呢？难道考试成绩优秀的人真的聪明绝顶，考试成绩差的人就蠢笨至极么？不是的，这并不是谁比谁聪明的问题，而是谁比谁的学习习惯更好、学习方法更巧的问题。

优秀的学生总会用优秀的方式学习，也就是说，他们养成了好的学习习惯。虽然从表面上看，这类学生在学习中做的事情很多、很累，但实际上，因为他们对自己所做的事情已经习以为常了，已然形成了一种

规律，一切都是自觉自发的行为，所以在做这些事情的时候，他们并不会觉得自己有多辛苦，也不会花费很多的时间，一切都在自然而然中完成。也正是因为在种种良好的学习习惯潜移默化的影响下，他们才会变得越来越优秀。

也就说，优秀生和普通学生之间的差距，不是在智力水平上，而是在学习习惯和方法上。

那么中学时代，我们需要养成哪些好的学习习惯呢？这也正是本书想要告诉大家的东西。本书通过对历年高考状元以及北大、清华学子中学时代学习习惯和方法的具体分析，着重从以下几个方面帮助大家养成良好的学习习惯：有疑必问的学习习惯，专注的学习习惯，有效记忆的学习习惯，科学利用时间的学习习惯，预习复习的学习习惯，高效的课堂学习习惯，各个学科的学习习惯以及阅读和考试习惯。

优秀学习习惯的养成并非一朝一夕的事情，需要我们在学习中拿出毅力，日复一日地坚持下去，不懈践行，才能成功。

本书想要传达给广大中学生这样一个学习理念：在这个世界上，最可怕的力量就是习惯，最宝贵的财富也是习惯。有了方向，管得住自己，坚持下去，我们就是习惯的主人，就能把握住学习的脉搏、人生的方向。

# 目录
## Contents

**第一章　提问的习惯：有疑就问，没有学不会的知识**
习惯发现问题，锻造"质疑精神" \ 2
独立思考，深入了解问题 \ 5
百思不得其解要及时求助于老师 \ 8
习惯和同学讨论问题 \ 12
随身携带一个"问题本" \ 15
不要让疑问在自己的头脑中"过夜" \ 18

**第二章　专注的习惯：提升注意力，学习效率才更高**
做作业的时候将那些"小东西"扔到一边 \ 24
在枯燥的学习中寻找乐趣 \ 27
学习前制订一个科学的计划 \ 31
大声地朗读 \ 34
每次只做一件事 \ 37

**第三章　有效记忆的习惯：知识记得住，才能学得好**
将记忆目标分解成几个小节 \ 42
一张小纸条中的记忆习惯 \ 44
头尾记忆法：一头一尾最关键 \ 47

养成在大脑中"过电影"的习惯 \ 50

多通道记忆法：将多种记忆方式组合起来 \ 53

## 第四章　时间管理习惯：每天多出一小时，成绩就像坐"火箭"

珍惜每一分钟，杜绝学习上的拖拉 \ 58

给自己制订一个自学时间规划 \ 62

养成几种管理时间的习惯 \ 66

要习惯在自习课、周末、寒暑假中"开动"起来 \ 69

要习惯将零碎时间利用起来 \ 72

## 第五章　预习复习习惯：懂得如何预习和复习，养成自主学习的好习惯

要养成学期前预习的习惯 \ 78

章节预习也要重视起来 \ 81

千万不要忘记课前预习 \ 84

养成及时系统复习的学习习惯 \ 87

复习要有计划 \ 90

提高复习的频率 \ 94

要在复习过程中扬长补短 \ 97

## 第六章　高效课堂习惯：高效利用课堂45分钟，将课堂价值最大化

让自己习惯于专注 \ 102

积极回答老师提出的问题 \ 105

听课时要习惯于听重点、难点和方法、门道 \ 109

课堂笔记要详略得当，课下要习惯性地整理归纳 \ 112

加强和老师的互动 \ 115

养成质疑的习惯 \ 119

## 第七章 语文学习习惯：感悟生活，勤于创作，轻松学好语文

语文学习不等于记忆 \ 124

过点"语文"的日子 \ 126

多读课外书，养成良好的阅读习惯 \ 129

习惯用袖珍小本本、便条贴积累 \ 132

养成写日记的习惯，记录每天的生活 \ 134

观察周围的人和事，作文其实就是"写生活" \ 137

## 第八章 数学学习习惯：学好数学没捷径，打牢基础多练习

正确理解和应用数学概念 \ 142

养成研究数学例题特性的习惯 \ 145

学好数学不等于疯狂做题 \ 147

吃透数学课本这部"提分秘籍" \ 149

将难题当成"会下蛋的母鸡" \ 152

认真对待每一次数学作业 \ 155

重视基础知识，巧用错题本 \ 158

## 第九章 英语学习习惯：多听多读多对话，学好英语并不难

养成多听的习惯，拒绝"哑巴英语" \ 162

提高阅读水平，要习惯将英语当成一门语言来学习 \ 165

阅读重点在于培养语感 \ 168

英语词汇积累，要习惯"记了忘，忘了再记" \ 171

养成记英语语法笔记的习惯 \ 174

要对英语写作树立信心 \ 176

## 第十章 理化生学习习惯：结合生活，总结方法

物理要重视观察和实验 \ 182

养成画图的学习习惯 \ 185

要善于在生活中发现化学 \ 188

准备一个"备忘本" \ 191

将生物学习融入生活的"大海"中 \ 194

## 第十一章 史政地学习习惯：眼到手到耳到，巧记忆勤揣摩

牢固掌握历史基础知识 \ 200

要清楚、透彻地掌握历史事件 \ 203

充分利用地图册、地球仪 \ 206

养成在生活中学习地理的习惯 \ 209

政治学习要放眼天下，回归课本 \ 212

## 第十二章 课外阅读习惯：重视课外阅读，不断完善自己的知识结构

培养自己选书的习惯 \ 216

有目标、有重点地看书 \ 218

养成适当超前阅读的习惯 \ 221

阅读的时候要习惯性地记忆 \ 224

准备一本读书笔记，将感悟随时写下 \ 227

坚持每天挤出时间读书（持之以恒）\ 230

## 第十三章 考试的习惯：养成考试好习惯，要得高分并不难

考试之前对自己说"没什么大不了的"（战略上藐视，战术上重视，保持平常心）\ 236

养成仔细审题、做题的习惯 \ 239

归纳各种题型的答题技巧（让自己习惯各种答题方法）\ 242

考试之后习惯性地总结不足 \ 244

# 第一章 提问的习惯：有疑就问，没有学不会的知识

对中学生来说，学习从本质上来看，其实就是一个发现问题、解决问题的过程。假如我们在学习中发现了问题却不向老师请教，对问题不闻不问，那么时间久了，我们头脑中的问题就会越积越多，整个知识体系就会漏洞百出，被别人远远地甩在身后。

## ▶ 习惯发现问题，锻造"质疑精神"

学习过程中养成发现问题的习惯是非常重要的，纵观历届考入北大、清华的状元们，他们身上都有一个共同的特点，那就是对问题的敏锐感知能力。这种能力源自质疑习惯，能够让他们尽早地发现问题、探索问题，总结经验，最终不断地完善自我的知识结构。

纪宇是2008年黑龙江省高考文科状元，她的学习秘诀其实很简单，那就是养成发现问题的习惯，培养探索和质疑精神。她的历史老师说，纪宇上课听讲特别认真，思路始终都能跟着老师走，而且她总是习惯性地发现问题，提出来的问题很有思想性，有些想法让人觉得很意外、很有挑战性，因为那些问题的指向已经超过了课本本身的"容量"。这说明纪宇除了完成课内学业之外，还广泛地涉猎了多方面的知识，所以她对问题才那么敏感，总是能够发现一些特别之处。

政治老师对纪宇的评价是："纪宇在学习中习惯于发现问题、研究问题，探索和质疑精神很强，上课没弄懂的问题，下课之后他一定会弄清楚，绝对不会放过任何一个问题。这种善于发现问题的学习习惯和质疑的精神非常宝贵，这也使得她的学习成绩始终处于班级前列。"

纪宇的英语老师则记得这么一件事：高三期末的一次小测试中，纪宇的英语阅读理解题成绩不是很理想，没有考出之前的水平。成绩出来之后，英语老师找到了纪宇，和她一起分析考题。让英语老师吃惊的是，纪宇对自身存在的问题很清楚，发现问题的能力极强，往往是一点就透，能够及时地调整自己解题的思路。最后在英语三模考试中，纪宇取得了145分的高分。

很多学生都懂得上课专心听讲的重要性，也知道课前预习和课后总结的必要性，因为这样做才有可能更好地掌握知识、理解知识。但是虽然懂得这个道理，很多人在日常学习中却践行不了，不管是课前的预习、上课时的听讲还是课后的总结，他们总是习惯性地分析和总结那些自己已经掌握了的知识，忽视那些自己还不太熟练的地方，用想当然的态度来欺骗自己"已经掌握了所有的知识"。有些同学甚至刻意逃避那些疑难问题，将它们深藏在内心深处，对问题不闻不问，如此只会让学习中的问题越积越多，最终造成知识体系的断层。

中学课程的学习效果和我们发现问题、质疑问题的概率是成正比关系的，可以这么说，一个学生能够在学习中发现多少问题，质疑多少结论，他就能学会多少知识。其实在很多时候，听课、看书、做作业，都是一个发现问题、解决问题的过程。假如一个人连问题都发现不了，一点疑问精神也没有，对什么东西都毫无保留地接受，那么这个人也就学不到什么有用的知识，掌握不了什么好的学习方法，养不成优秀的学习习惯。

现阶段，很多学生之所以缺乏发现问题的能力，很大一部分原因在于其知识信息凌乱无序。这些学生在日常学习中常常处于被动的位置，机械地学习，很难形成有条理的知识网络和有灵活性的认知结构。即使意识到什么问题，自己也很难找到解决问题的方法。另外，虽然一些学生已经掌握了一定量的知识，但是他们往往还不能在具体的情景中运用自己的知识提出有价值的问题，更别提完善自身知识体系了。

当然，还有一些学生因为自身的懒惰心理和畏惧心理，养不成发现问题的习惯。很多学生在学习中都形成了这么一种思维上的定式——习惯于套用一些固有的条条框框，不能灵活地运用已经学过的知识。很多学生喜欢模仿老师的解题思路，而不是探索适合自己的思维方法，这其实是一种惰性心理。而有些学生不敢标新立异，不敢猜想，存在着畏惧心理。这类

学生即使发现了问题萌芽,也会因为缺乏大胆、探索和质疑的精神而不敢说出来。

那么,在日常生活中,应该怎样梳理知识,克服懒惰心理和畏惧心理,让自己更好地养成发现问题的习惯呢?

### (1)认真听课,抓住发现问题的最重要时机

很多学生没有意识到听课是发现问题的最重要时机,觉得"听懂"就行了。但实际上,听懂有真懂和假懂之分,不能够在课堂上发现问题的学生,也就不能梳理出属于自己的知识体系,克服不了懒惰的心态,碰到新的题型时便会束手无策,这其实是一种"假懂"。

我的一个学生,成功考入了北大。在谈到自己的学习方法时,他只说了一点,那就是在听课的时候要善于发现问题。他习惯于在顺着老师思路走的同时发散性地思考一下,看看自己在听课的时候忽视了什么,或者是不是发现了一些不同于老师思路的方法或者结论。

一旦发现了问题,他先是记在本子上,等下课之后在从头思考,力争找到答案。假如自己解释不了,他便会第一时间找老师请教,和老师一起探讨,直到找到自己满意的答案为止。

我很欣赏这个学生在听课的同时发现问题的学习习惯,也正是因为如此,他的思维相对于其他同学才更加活跃,更有创造性,更有独特的见解。

### (2)发现问题后要记录下来,最终将其解决掉

之前教过这么一个学生,今天发现了几个问题,明天又发现了几个问题,但是这些问题却不曾被他彻底解决掉。当我问他在学习中是否遇到了什么问题时,他却一个问题也提不出来了。

在我看来，发现问题的目的在于解决掉问题，这样才能达到"真懂"的学习境界。所以我后来建议这位学生准备一本"问题本"，将他所发现的每一个问题都记录在上面，这样就不会将之前发现的问题忘记了。

其实解决问题的方法有很多：可以一个人独立思考，刻苦钻研，依靠自身解决掉它；也可以和同学探讨、向老师请教，依靠别人的帮助解决掉问题。

（3）广泛涉猎，拓展知识面

对学生而言，要想尽可能多地发现问题，自身首先要有丰富的知识储备作为基础，这样才能凭借着自身广泛丰厚的知识敏锐地感知到问题的所在。假如一个人自身储备的知识数量有限、类型单一，那么即使问题就摆在面前，他也无法感知到，抓不住问题，碰触不到本质。

所以在生活中，我们不妨多多涉猎，勤读书，多了解时事，扩展视野；学习中，我们不妨适当超前学习，走在其他同学前面，这样的话再回头看问题，我们的眼光才会更加犀利。

## ▶ 独立思考，深入了解问题

在学习中发现了问题之后，我们就需要想办法解决掉问题。要想解决问题，首先就要学会独立思考问题，深入分析问题。只有在学习中做到这一点，才能锻炼思维能力，提升学习成绩。

在几十年的教学过程中，有很多学生都曾经问过我这样的问题："老师，在学习过程中，我也像别的同学那样做到了有疑必问，但是为什么人家成绩提升得很快，而我的成绩却一直不见起色呢？"其实这样的疑问

在学生中具有普遍性，很多学生在学习上很认真，发现了问题能够及时提问，不会让问题在肚子里"过夜"。在我的眼中，这些学生是勤奋的，但是却没有抓住学习的关键所在。他们的成绩一直提升不上去，不是因为他们不聪明，也不是因为他们不努力，那么问题是出在了什么地方呢？

其实答案很简单，这类学生虽然能够提出问题，但是他们提问的方式却有很大的问题。在我看来，能够发现疑点并及时地发问是一个很好的学习习惯，但是假如一发现问题就立即请教别人，自己却不做任何思考，实际上这是一种学习惰性在作怪。这就好比一块口香糖，我们总是习惯吃别人咀嚼过的，当然也就一点味道都没有了。

2010年黑龙江高考状元魏淑贤在学习中发现问题后就很善于独立思考。她说："我和别的同学最大的区别就是很少问老师问题。"在发现问题后，她习惯自己先思考，回想老师的思路，翻一翻课本和参考书，尽量依靠自己将问题的答案找出来。

正是因为养成了这种发现问题时勤于思考的学习习惯，魏淑贤慢慢练就了超常的思维能力，对每个问题都能发现别人发现不了的答案，更善于另辟蹊径，从不同的角度看待问题。最终，她凭借着这种思维优势，登上了高考状元的宝座。

可见，在发现问题之后，我们首先要做的就是独立思考，深入分析，看一看这些问题我们能不能解决掉。在我们请教老师和同学之前，首先要自己想一想，问问自己是不是能够"收获"这个问题的答案。

那么在学习中应该怎样通过思考来解决问题呢？我们不妨通过下面的步骤和小窍门来具体实施。

（1）思考前翻一翻课本

对我们的学习来说，课本无疑是基础，老师讲述的大部分内容也是按照课本的章节进行的。当我们在学习中遇到问题百思不得其解的时候，不妨翻一翻课本，或许能够在其中找到我们疏忽和遗忘的地方，让问题迎刃而解。

我曾经教过这么一个学生，他每天回家后总是先将各门学科的课本看一遍，边看边回想一下老师讲课时的思路，对照课堂笔记，将课本的重点和难点掌握好，回想一下是不是还有没掌握的知识点。这样一来，他在熟悉课本的基础上，遇到问题也能更好地解决了。

这个学生的学习习惯就非常好，很值得学习。不管学习哪门学科，课本都是我们思考问题的"根据地"。当我们在学习中遇到问题时，不妨先翻一翻课本，重新读一遍，就能从中找到我们需要的"钥匙"。

### （2）重视课堂笔记

很多同学都会有这样的经历：有些时候，当自己被一些问题困扰而百思不得其解时，翻一翻课堂笔记，找到相关的知识点看一看，对照一些问题，就能找到答案。要知道课堂笔记上记录的都是老师讲课时的精华内容，包括老师讲题的思路、方法、技巧等，都会在其中有所体现，比如某些公式的推导过程、例题的解决步骤、定理的适用范围等。这样看来，课堂笔记其实就是我们思考问题时可以参考的"大辞典"，当我们遇到不能解决的问题时，不妨翻一翻。

### （3）参考书也要翻一翻

在我看来，一本好的参考书是很值得我们反复阅读的。它里面包含了我们在学习中可能遇到的诸多问题，很多难题都能从中找到原型。我们可以在阅读参考书的时候对照一下问题，从中借鉴一下解题的思路和方法，最终找到答案。

2014年唐山高考文科状元曹心怡在学习中就非常重视参考书的价值。她说:"好的参考书会系统全面地总结课本中的重点和难点,仔细阅读一遍参考书,能够让我们头脑中的知识变得更加有条理,使得知识点不再有遗漏。更重要的是,参考书中的很多例题的分析方法和解题思路都很有代表性、很经典,可以让我做到举一反三,大大提升解题能力。我遇到问题的时候通常会翻一翻参考书,从中找到一些相关的解题思路,帮助我最终解决掉问题。"

很显然,一本好的参考书会是我们身边无声的老师,默默地引导我们找到解决问题的蛛丝马迹,最终彻底地消化掉问题。所以在学习中遇到了问题,我们不妨翻一翻参考书,将里面相关的知识点跟问题对照一下,这样回头再看问题,问题也就容易多了。

## ➡ 百思不得其解要及时求助于老师

中学时代,在学习中遇到的问题,大部分我们都能够通过自身的努力将其解决掉。但由于知识储备和思维能力的不足,有一些问题我们虽然反复思考、查阅了诸多资料,还是不能找到答案。这个时候如果继续思考下去,显然就没有必要了,会浪费掉大量的时间和精力去做无用功。

此时老师的作用就凸显出来了——有了疑问百思而不得解,我们就需要及时向老师请教,学习老师解题的思路和方法。但遗憾的是,在实际的学习中,很多学生尽管被一些问题难得抓耳挠腮,却始终不愿向老师开口。

我曾经仔细研究过这类学生,发现他们不想开口向老师请教的原因大多是出于莫名的惧怕:觉得请教老师问题会显得自己太过笨拙,会让老师和周围的同学耻笑。这种莫名生出的担心是完全没有必要的，要知道老师的职责就是"传道授业解惑"，解答学生的疑问是老师的工作之一。当学生有了疑问向老师请教的时候，老师并不会觉得学生蠢笨，相反，老师会觉得学生动脑筋了，在学习上用心思了。

当然，还有一些同学不肯开口，是因为觉得自己知识储备不够，问老师问题的时候被老师反问时会答不上来，老师的反问总会让他们面红耳赤，几次下来就不想再向老师请教了。

这样做必然会让我们陷入这么一个恶性循环中：遇到问题不想提问—积累越来越多的问题—知识消化不好—考试成绩不理想—失去学习兴趣—越发不想提问。如此一来，我们的学习将会变得越来越乏味，成绩也会越来越糟糕。

2012年贵州文科状元王浩就很善于向老师提问，因此在班里得了一个"问题王"的绰号。他总是利用上自习或者大课间的时间将平时百思不得其解的问题拿出来和老师一同探讨，在这个过程中学习老师分析问题的思路和方法。

王浩通常会在问问题之前做好准备，将所有的疑问都列出来，在老师讲完课之后或者老师来巡视自习课的时候向老师提出问题。因为老师在上完课或者自习课的时候时间很充裕，所以每次都能耐心地和他探讨问题。就这样，时间久了，王浩就做到了心中无疑问，门门功课都如此，他的总成绩也始终保持在年级前列。

可见，向老师提问是我们学习知识、提升成绩的重要途径，当我们养成了和老师一起探讨问题的习惯后，我们的思维和学习能力才会得到更好的锻炼，学习成绩才会变得更好。

一些学生可能会想：班里这么多学生，而每个学科的老师却只有一个，能找到机会问老师问题吗？其实这种忧虑完全是多余的，只要我们能

够掌握好提问的时机和技巧，我们就能找到机会和老师一起探讨问题。

（1）自习课、大课间都是向老师提问的好时机

有了问题百思不得其解时，我们就必须寻求老师的帮助。但这并不意味着我们想什么时候请教就能什么时候请教——上课的时候老师要讲解课本知识，显然不是提问的好时机，假如我们硬要在课堂上提出问题，由于时间有限，老师回答的时候也会很仓促，不会跟我们深入地探讨。

假如我们仔细回想，一定会发现这么一种有趣的现象：那些在下课后第一时间追上老师问问题的学生总是成绩最好的那几个，在每堂自习课上，跟老师没完没了讨论问题的也是那几个学习最优秀的学生……

可见，和其他学生相比，学习成绩出色的学生更加善于抓住每个机会，将自己心中的疑问提出来，和老师一同解疑释惑。也就是说，他们总能找到最恰当的时机，在老师时间最充裕的时候提问。

我的一个学生就很善于把握提问的时间，他总是在晚自习的时候"抓着"我不放，提出各种各样的问题。对这个学生的学习精神我是很欣赏的，也很乐于和他探讨一些更加深入的知识。他的学习成绩也一直很不错，始终保持着年级第一的名次，我觉得这和他善于思考和有疑必问的学习习惯有很大的关系。

所以我们一旦在学习中有了疑问，不妨先想一想什么时候提出来比较合适。只要我们能够把握住几个时间段，那么我们就能成功"缠住"老师，和老师一起探讨问题，学习老师独特的学习方法和技巧。

除了利用自习课的时间，我们也可以利用老师上完课后的空闲时间和大课间时间，这个时候我们向老师提出问题，老师时间比较充足，我们可以得到更好的回答，获得更多的"加餐"。

### （2）和老师探讨的时候要说出我们的疑惑

我们提问题前要先将问题仔细梳理一下，思考一下我们究竟是在哪个环节遇到了困难才导致得不出答案。这样一来我们才会对问题"知根知底"，在和老师讨论的时候有针对性地提问，避免陷入混乱而没有精准目标的"盲问"中。

要知道人和人的思维是有差别的，老师听到我们的问题时，他会首先从自己习惯的角度分析问题。假如我们事先没有仔细研究自己在想问题时遇到的障碍，那么在和老师对话的时候就无法有针对性从自己的思路发问，只能沦为一个"听众"，被"牵着鼻子走"，最终的学习效果自然会大打折扣。

我曾经教过一个学生，他就很善于提问，所有提出来的问题都是他思考不透的"硬骨头"。而且他在和我讨论的时候很关注我的切入思路，总是问我"为什么会这么想"。这个学生问问题的时候思路很清晰，很有条理性，总是能将他自己的想法和困惑清晰地说出来。特别是每一个解题步骤，到了哪一步卡住了，他能很明晰地说给我听。

当他思路正确的时候，我就顺着他的思路讲解下去，最终得到答案；当他的思路出现错误时，我会引导他及时改变思路，换一个角度重新审视问题。这样一来，我往往说到一半的时候他便恍然大悟了，剩下的那一半已经不需要我再仔细讲解了。和别的学生相比，我觉得给他讲解问题是最轻松的，因为他提前做好了准备，问题有针对性，我的话往往能够说到点子上。

### （3）问问题要有"打破砂锅问到底"的精神

向老师请教问题的时候，可能听了老师的讲解后我们还是没有将问

题消化透,有一种云里雾里的感觉。这个时候假如老师问我们"懂了没",我们应该如实地说出自己的困惑,不要因为所谓的"面子"而不懂装懂,这么做只会自欺欺人,让我们的知识网络漏洞越来越多,自己害了自己。

要知道每个学生的学习基础不同,有的学生可能在听了老师的讲解后一下子就弄明白了,而有的学生可能因为基础差等原因,在老师讲解之后还是没弄明白。假如这类学生因为害怕别人嘲笑而不懂装懂,放弃继续探究的权利,那么不会的地方就会越来越多,最终导致知识体系断层,知识运用起来也会很生涩。

所以在学习上我们必须要严格认真,不管什么问题都要弄明白,不懂装懂只会害了我们自己。我们在学习中要坚持真懂的原则,打破砂锅问到底,这样才能保证我们更深入地掌握知识。

## ▶ 习惯和同学讨论问题

在我看来,一个人即使再聪明,智慧也是有限的。正所谓"一个好汉三个帮",几个人聚在一起研讨一个问题,各抒己见,思维间碰撞出来的火花能够带来更多的启迪,帮助我们最终跨过学习的障碍,解决掉学习之路上的问题。

其实学习和打仗之间有诸多相似之处,战争是一种团体行为,单兵只有彼此合作,形成合力,才能赢得胜利。学习也是这样,假如我们只知道埋头苦读、闭门造车,就会变得孤陋寡闻,学习之路也会越走越窄。而合作学习,则能让彼此的思想碰撞出新的火花,开阔眼界,增长见识。要知道每个人都有着不同于别人的长处,大家聚在一起各抒己见,你总能从别人的话语中发现自己没想到的东西,继而大家相互学习,彼此促进。

2010年江西理科状元徐师昌在谈到自己的学习习惯时说:"同学之间的学习交流和思想交流是非常重要的,每次有了疑问我都会先自己想一想,能解决的就自己消化,不能解决的我会拿出来,和周围的同学们一起讨论。在中学时代,我深知每个人都有着别人不具备的优点,每个人也必须全力去学习别人思维上的闪光点,以此来弥补自身的不足。

"我很喜欢和同学们聚在一起讨论问题的氛围,你一言我一语,提出一个论点,然后绞尽脑汁证明它是对还是错。这个时候我就觉得自己变成了一只勤劳的小蜜蜂,不断地汲取群芳精华,然后经过反复地加工,酿造出知识的蜂蜜。"

由此可见,谈论问题是很有必要的。我在教学生涯中,渐渐有了这样的体会:和跟自己水平相当的同事讨论问题,往往是花一分的精力能收获两分的成果,因为在谈论中,不仅自己的问题弄明白了,连对方的问题也有了眉目,这样一来岂不是一下子就弄明白了两个问题?有时最终的效果甚至远远大于简单的"1+1=2"。

学生学习也是同样的道理,比如在考试之前,和两个同学约定一起做试卷,彼此讨论遇到的难题。因为彼此水平差不多,谈论之后,其实就相当于你将另外两位同学的试卷也做了一遍,这样一来备考效率自然也就大大提升了。

也许有些学生存在着这样的顾虑:假如我问别的同学问题,人家不想告诉我答案怎么办?那个时候岂不是很尴尬?这种担心是完全没有必要的,假如这个同学不想谈论,我们身边还会有别的同学愿意参加讨论,不必将讨论的对象固定的一个人身上。当然,假如某个同学对我们的问题讳莫如深,那么我们可以先从自身找找原因:是不是自己以前也拒绝了他的问题?或者是不是自己提问的语气和态度有问题?别人之所以不愿意参与我们的讨论,必定存在着某方面的原因,只要我们找到原因,就能打破这层隔阂。

那么，在日常学习中，我们应该怎样向同学提问题，让他们积极地参与到讨论中来呢？

### （1）要抱有"别人不告诉我我也要问"的心态

有些学生之所以不参与同学间的讨论，不向身边的同学提问，是因为他们总是担心自己提出的问题会被别人拒绝。这些同学之所以抱有这样的心理，一来是由于竞争心理太过强烈，总是习惯性地用自己的心思去揣摩别人的想法，觉得一旦将问题的答案告诉了别人，势必会"培养"出一个更加强大的对手，同时他们觉得别人也会抱有同样的想法，觉得别人会拒绝回答自己的问题；二来，这类学生并没有看到讨论问题对学习促进的一面——虽然回答别人的问题会让对方在学习上更进一步，但是参与到讨论过程中的每个人都锻炼了思维，都能从中发现不一样的观点和视角，每个参与者都会获益良多。

所以，我们在问问题之前不能总是担心别人不回答。那些成绩优秀的学生往往会抱着"别人不告诉我我也要问"的心态，积极地同周围的同学探讨问题。在这个过程中，他们会放弃虚荣心，会不断地在心里暗示自己：别人都是乐于参与的。如此，他们才会拥有更加积极的心态，才会在不断的探讨中进步。

### （2）在讨论中总结好的学习方法和技巧

我们大都有过这样的学习经历：被一道习题难得抓耳挠腮，想尽一切已知的方法都不能将之解决掉。但是当我们将难题拿出来和同桌一起讨论的时候，同桌的一句话或者一个反问便能让我们灵光一闪，看到一个之前自己没想到的解决方向，思路随之也就打开了。

在实际的教学过程中，我一直鼓励学生们大胆讨论问题，为此还在每节课上设置了专门的讨论时间，让同学们进行"一对一"式的研讨。我深知讨论对学习的重要性，学生们在这个过程中能够通过思维上的碰撞收获到更好的学习方法和技巧，这是一个人埋头苦读所无法实现的。要知道一个人的思路毕竟是有限的，几个人聚集在一起则可以集思广益，通过不同的视角和思路研究问题，最终的收获自然也就会很多。

最重要的是，在讨论过程中出现的争论和思辨会让我们的大脑处于高度兴奋的状态，让我们思维变得敏捷起来，将一切可用的知识统统调阅出来服务于问题的解决，这显然是一个知识的活化、重组和升华的过程，更容易让我们进入学习的"忘我"状态，将遇到的问题彻底解决掉。

所以在学习的过程中，我们要"拉帮结伙"，结交几个志同道合的朋友，一起学习，一起讨论问题。几个人在讨论的过程中进行思维的"对撞"，彼此都会获益良多。假如我们进行"独狼式"的学习，有了问题即使百思不得其解也要独自一条路走到底，不肯和周围的同学交换观点，显然便走进了一个套子中，这对学习成绩的提升是很不利的。

（3）讨论之后要及时总结

当我们提出一个问题请教别人，大家一起讨论，各自提出自己的观点和看法后，我们需要及时地回想一下，进行最终总结，将一些好的想法和思路记在笔记上。这些都是不可多得的学习财富，对我们而言有很好的学习和借鉴意义。

## ▶ 随身携带一个"问题本"

我们每个人都不可能是学习中的"常胜将军"，很多时候都会被一个又一个问题困扰着。在众多的问题中，有些我们可以标在书本上，不至于忘掉，但是另外一些问题则带有"突然性"，也许我们走路的时候突然就会从头脑中冒出一个问题，这个时候假如不记下来，过后可能就忘掉了，

这就为之后的学习留下来"隐患"。

其实即使是一些非突然性的问题，我们当时没能记下来，事后功课一多，一忙起来，就会忘掉想要询问的问题。这样的事情多了，便会慢慢养成一种有疑不问的坏习惯，这对我们今后的学习显然是很不利的。

所以我经常建议学生随身携带一个"问题本"，在平时的学习中，一旦发现了问题要立即记录在本子上，然后再选择适当的时机向周围的人请教。当我们最终解决掉问题后，可以将答案写在问题的下面，这样的一问一答在我们复习的时候也是非常重要的资料。多看看这些曾经难住我们的问题，体味一下解决的思路和方法，相信会带给我们很大的启发。

2013年河北高考文科状元于潇就有随身携带"问题本"的学习习惯。当年高考中，于潇的成绩是语文133分，数学141分，英语142分，文科综合260分，她以总分676的好成绩夺得了河北省文科状元的桂冠。

于潇是一个很喜欢提问和总结的学生，她在学习中遇到问题后总是会及时地将其记录在本子上，然后找合适的机会和同学们讨论或者请教老师。特别是每次模拟考试之后，她在分析试卷的时候都会及时将遇到的问题记录下来，大到一个综合题，小到一句话，她都会刨根究底，将有疑问的地方全部弄清楚。

正是因为有这种及时记录问题并且刨根究底的习惯，于潇才能将每门学科的知识网络化、系统化，融会贯通。如此一来，她的考试成绩自然也就越来越好了。

中学知识都是成体系的，很多时候，假如我们在一些节点上弄不明白，就会影响到一大片知识点的运用。所以及时记录发现的问题并抓紧时机弄清楚答案，就显得尤为重要。

"问题"本的功效就在于此，它会为我们"记住"每一处模糊的地方，提醒我们要及时弄清楚。更为重要的是，我们弄清楚后，将答案记录在本子上，这就为我们日后的复习提供了宝贵的资料，促使我们在复习的时候举一反三，触类旁通。

那么在日常生活中，我们具体应该怎么运用这个"问题本"呢？

### （1）记录平时上课、作业、练习以及课外阅读过程中遇到的问题

我们获得知识的主要途径无非就是上课听讲、写作业练习和课外阅读。在学习中遇到问题时，我们需要先将其写在本子上，然后再思考具体的答案，而不是先思考再想着写下来，因为这样做可能会让我们来不及记录甚至忘记最初发现的问题。

我的一个学生就很善于记录发现的问题，他的手边经常放着一个"问题本"，一想到什么问题就及时写下来，然后找时间问我。

有一次，我开玩笑地问他为什么要专门准备这样一个"问题本"，他的回答让我赞叹不已。他告诉我，在上课的时候，他总是习惯于紧跟老师的思路，有时候遇到听不明白的地方，假如当时立即深入思考，就可能会脱离老师讲课的节奏，最终"捡了芝麻却扔了西瓜"。后来想了想，他便专门准备了这个"问题本"，上课时有听不明白的地方他会立即记录在本子上，然后紧跟老师思路听下去，这样一来他既能记下不懂的问题，又不耽误高效听课。

下课后他会拿出本子仔细思考问题，假如自己解决不了，就跟周围的同学讨论或者找老师请教。

我很欣赏这位学生的智慧，他利用一个小小的"问题本"就巧妙地解决了"鱼和熊掌不可兼得"的难题。这位学生的学习经验也非常值得我们借鉴——将平时我们在课上、课下遇到的问题记录在"问题本"上，时间充裕的时候回头思考，将疑难问题拿出来请教老师或者和同学一起讨论。

这不仅是消灭问题的好习惯，也是提升自我学习效率的一种捷径。

（2）"问题本"应开设"试卷专区"

中学时期的学习，课本是基础，试卷则是检测知识掌握得如何的"标尺"。试卷上不仅体现出我们的考试分数，还真实地反映出了我们知识掌握得不到位的地方。当静下心来仔细分析和发掘，我们便会从中发现一个又一个问题。记录下这些问题，并仔细地探索它们的答案，这个过程将带给我们宝贵的财富。

有些同学习惯性地将试卷看作"敌人"——考完试将试卷扔在一旁便不闻不问了，这种做法是很不明智的。很多时候，考试之后我们需要静下心来将试卷再研究一遍，特别是对那些失分的知识点和题型，更需要多问自己几个为什么，分析错误的原因，发现问题，找到自己知识体系漏洞之所在，将错题所关联的知识点彻底吃透、消化，这样我们才能做到触类旁通，不再犯同样的错误。

（3）"问题本"要随身携带，闲时拿出来看一看

"问题本"的另一个功用在于它的资料性。随身携带，闲时拿出来翻一翻，可以让我们及时温故，触类而旁通。如此一来，我们既利用零散时间，提升了学习的效率，又开阔了思路，串联了相应的知识点，可谓一箭双雕。

## 不要让疑问在自己的头脑中"过夜"

学习是需要激情的，在我看来，那些优秀学生和普通学生之间最明显的区别就在于他们对待学习的态度上：优秀学生对待学习往往热情似火，

而普通学生则是路人甲乙丙丁，需要的时候才会学一学，不需要的时候则不会多看一眼。

我曾经教过这么一个学生，他对待学习总是那么有热情，特别是在遇到疑难问题的时候，会给人一种茶饭不思的印象，大有不把问题解决掉就不睡觉的气势。他的热情并不是那种不眠不休地死读书，而是对疑问有着执着的探索精神。

每节课后，他都会将之前老师讲述的知识再回想一遍，将自己没弄明白的地方都写在本子上，然后仔细思考，力求将问题都解决掉。假如自己解决不了，他便会在第一时间找到老师，和老师一起探讨问题。而且他还善于利用自习课的时间查阅资料，将一天的问题都梳理一遍，查漏补缺，绝对不将问题带回家过夜……

他每天的学习都是充实的，他的学习信念就是当天的问题当天"消灭"，绝对不留下尾巴。时间长了，他的知识掌握得越来越扎实，学习成绩也始终保持在年级的前几名。

可见，不带着疑问"过夜"是很多优秀学生身上的共性之一，是非常值得我们借鉴的。这是一种难能可贵的求知精神，也是一种对自己负责的学习态度，我们需要在日常学习中认真对待问题并及时将其解决，并慢慢将之上升到习惯范畴，让我们每一天的学习都能"凯旋"。

必须要强调的一点是，学习是容不得半点拖延的，我们今天遇到的疑问假如不能立即解决掉，那么等到将来这问题就有可能成为我们考试中的"拦路虎"，让我们遗憾饮恨，悔不当初。

也就是说，学习路上最大的敌人其实是我们自己。假如我们失去了学习的热情，对待疑问听之任之，甚至冷漠相待，那么我们也就失去了前进的阶梯，只能在原地踏步了。所以我们在学习中不能懒惰，不能怕麻烦，更不能畏难，不然成绩上就很难再有进步。

那么对于在学习中总是会不期而遇的疑问，我们应该怎么对待它呢？需要怎么做，才能让自己更加积极地探索它呢？不妨先从下面的三点做起。

(1) 要将学习当成自己的事业

成年人有成年人的工作，需要在社会中找准自己的位置；学生也有自己的"事业"——必须在学习中发挥自己的聪明才智，直至最终在高考中脱颖而出，考取一所自己心仪的大学。所以我们要将全部热情都投入到学习中去，认真对待学习中出现的每一个疑问。

在日常教学中，我经常会有意识地向学生灌输这一理念：学习是一项事业，我们必须要学会对自己的未来负责。我会告诉他们，只有现在努力学习，将来才会有能力做自己想做的事情。假如现在学习不肯全力以赴，遇到问题选择逃避，那就等于在为今后的学习设置一个又一个障碍，这无疑是非常愚蠢的事情。

我的一个学生李辉就是"将学习当成自己事业"的典型。他在课堂上会全神贯注地听讲，积极和老师互动；课下则会追着我到办公室，不将课堂上发现的疑问弄明白绝不罢休。

我很欣赏李辉的"拼命"精神——学习就是随时准备上战场，只有全力以赴，才能笑到最后。记得有一次，晚自习的下课铃声刚响，我刚刚走进办公室坐下，李辉便跟了进来，问我一个困扰了他整整一节课的难题，和我一起探讨解题的思路和方法，一直等到下一节上课的铃声响起，他才急急忙忙地离去。

在我看来，李辉真正将学习当成了自己的"事业"，并不依靠别人在身后督促，而是积极主动地学习，对疑难问题更是紧抓不放，直到彻底弄明白为止。也正是因为有这种学习精神和态度，他的学习成绩一直保持在年级的前十名。

所以我们千万不能抱有为别人学习的想法，假如我们这么想了，那么之后的学习肯定会缺少热情和动力，学习也就失去了乐趣，变成了负担。在这种状态下，别说是解决疑难问题了，就连安静地看一会儿书也是一种折磨——这种学习状态，还奢望什么好成绩呢？

### （2）将学习当成一项科学研究

学习是一项事业，更是一项科学研究，需要我们在热情的驱动下进行精细的研究。也就是说，我们必须集中精力去探寻那些隐藏在表面之下的深层知识。在这个过程中，疑问是我们绕不开也必须解决的，当我们解决了一个个疑难问题的时候，就等于搬开了我们通往真理之路上的"绊脚石"。

科学研究有着巨大的魅力，吸引着众多科学家投身其中。学习中遇到的疑难问题也有着它自己的魅力，其所带来的挑战能够激发我们更大的学习热情。当疑难问题最终被解决掉，我们必将获得巨大的成就感，继而迸发出更大的学习热情。

仔细分析历年高考状元的学习习惯会发现，他们在学习上普遍存在着这么一个共同点：以解疑为乐。遇到问题时，他们都能全身心地沉浸其中，以探索为乐，当在冥思苦想中获得线索的时候，他们会开心地大笑，这样一来学习也就变得更加有趣了。其实这就是一种良性循环，在不断的探索中获得乐趣，而乐趣又会促使其有更多的探索行为发生。

所以我总是鼓励学生将学习当成一种科学探索行为——让学习中遇到的问题来引领我们去主动学习，那么学习便是快乐的。

# 第二章 专注的习惯：提升注意力，学习效率才更高

专注是优秀学生身上特有的一种学习习惯，正是因为它的存在，他们才能在学习中最大限度地集中注意力，获得最高的学习效率。可见，我们要想让自己的成绩变得优秀，首先要养成专注学习的习惯，这样才能做到事半功倍。

# 做作业的时候将那些"小东西"扔到一边

教育学家调查发现，八成中学生在写作业的时候会出现注意力不集中的现象。有些学生写着写着作业就开始走神，眼光触及的小东西都会成为他们手中的玩物，最典型的就是玩橡皮擦。缺乏专注精神是中学生学习时的一个普遍现象，时间长了，会让他们对时间产生一种感知惰性，养成浪费时间、做事拖拉的坏习惯。

专注是时间的"倍增器"，一个注意力集中的孩子能够迅速地点燃知识的火焰，照亮前行的道路。学生一旦做事不能集中注意力，在上课的时候经常做白日梦，神游窗外，抑或东张西望，玩橡皮、玩铅笔，那么他就会和老师的思路脱节，自然掌握不了知识的精髓。这其实也是一种变相的时间浪费，最终会导致学习成绩下降。

所以我们要在平日里培养自己的专注精神，特别是在写作业的时候，唯有专注起来，才能提升效率，全心全意学习，更好地融入知识的海洋。

南京市的一位中考状元，在给校友分享自己的学习经验时说道："我在学习的时候会习惯记录自己每天所用的学习时间，而且是比较精确地记录。每次我都会精确到分钟，并且在记录的时候，会将走神、发呆等占用掉的时间排除在外。最初这样做的时候，我发现自己一天下来真正用在学习上的时间其实很有限。虽然一天有24小时，但是假如我们能够拿出8小时来学习，就已经是一件非常了不起的事情了。

"通过分析，我发现在做作业的时候，自己经常会被桌子上的一些小物件'诱惑'，比如橡皮、小道、弹球，等等，不知不觉中就将时间浪费在了把玩这些小物件上面。意识到这一点后，每次写作业前，我都会将桌子收拾干净，让视野之内只有书和作业本。这样一来，我做作业时就专注了很多，学习效率也大大地提升了。"

心理学家研究发现，中学阶段的学生很难长时间地集中注意力。所以很多学生虽然在上课之初能够注意听讲，但是十几分钟后，他们在精神上就会懈怠下来，不是说悄悄话就是低头默默摆弄橡皮、铅笔等小物件。

对于这种现象，假如我们不立即行动起来想办法解决，而是一味地放任自流，想当然地认为随着年龄增长自己学习的注意力就会越来越集中，就会学会珍惜时间，那么最终的情况将会变得更加糟糕。因为错过了中学时代这一改正的关键时期，一旦我们养成注意力不集中的坏习惯，浪费时间成瘾，那么再想纠正就变得很困难了。

注意力集中了，我们学习和做事的效率才会提升，时间上的概念也才会得到加强。要想增强做事和学习的专注力，是需要掌握适当方法的，需要对自己进行相应的训练。其实我们想要养成专注的好习惯，一个最好的切入点就是专注地去做作业，以此为基础，我们才能慢慢养成专注学习的好习惯。

那么具体来说，我们在做作业的时候应该怎么做才能集中注意力呢？

### （1）将书桌上那些无关的"小东西"收起

对中学生来说，做作业是一个比较枯燥的任务，在这个过程中，我们的注意力很容易被周围的一些小物件分散，继而走神。这个时候，为了增强我们做作业时的注意力，不妨先将书桌整理干净，把那些和学习无关的物件都清理掉。视野中没了"诱惑"，那么分心走神的概率自然也就下降了。

很多学生都注意到了环境对于专注学习的重要性，一个干净、整洁、

安静的学习环境，能够让我们更加专注于学习。所以在布置书桌的时候，要保证其干净整洁，桌面颜色最好不要太鲜艳，更不要在书桌上摆放玩偶或者装饰品。书桌要"专业"，只摆放那些和学习相关的书籍资料以及文具，暂时用不到的最好收进抽屉里面，另外橡皮、铅笔等每样只留下一个就好，其余的要统统收进文具盒内。这些能够让我们最大限度地集中注意力。

（2）运用心理暗示的方法增强自己的注意力

对于注意力不集中、浪费时间的问题，我们首先要包容自己。要知道，就连很多成年人都做不到长时间地集中注意力做一件事情，更别说中学时代的我们了。我们只需要学习一些集中注意力做事和学习的方法，就能很好地改造自己，让自己在学习中更加专注。

心理学家认为，心理暗示是一种自我激励和提醒的方法，能够让人最大限度地发挥潜能。有些学生在上课的时候总是习惯性地走神，虽然他们为此也深感苦恼，但是却没有什么好的方法去克服。其实这些学生之所以不能集中精力听课，很大一部分原因在于错误的心理暗示——他们总是在想："为什么自己就是不能专心听课呢？"想的次数多了，听课自然也就集中不起精神来了。同样的道理，假如我们在上课的时候多在心里暗示自己"一定要好好听讲""要珍惜上课的时间啊"，那么就能较快进入状态了。

当然我们也可以借助一些外物的力量对自己进行心理暗示，比如可以在家里面多贴一些小纸条，上面可以写一些暗示性的语言，诸如"上课要注意""做事要有精神"等，也可以将这些小纸条装在文具盒里面，让自己能够时常看到。这样的话，不管是在家还是在学校，每当我们看到这些小纸条，心理上就会得到暗示，提起精神来学习、做事。时间长了，自然就会养成好习惯，而摆脱做事不能集中注意力的坏习惯。

（3）制定一个适合自己的目标

从生理角度看，适度的紧张感能够让人机体的神经系统兴奋，提升大脑的活跃度，使人的思维变得更加敏捷，反应速度更快。也就是说，适度的紧张感有助于我们更好地集中注意力。所以在生活和学习中，我们可以时常营造一种适度紧张的环境和氛围，以此为自己施压。

比如我们可以在做作业的时候设置一个时间起止点，这样就等于给自己布置了一个必须完成的限时任务，让自己有一定的紧迫感，好在做作业的时候集中注意力，在最短的时间内完成作业。

## ▶ 在枯燥的学习中寻找乐趣

要想让自己专注于学习，关键在于激发学习的兴趣。课外的空闲时间，我经常会和学生们聊天，在这个过程中，每个学生多多少少都会流露出这样一种感受——学习是枯燥的，需要记忆很多的知识点、解数不尽的题，让人觉得厌倦，想要逃避。

其实在我看来，这些学生之所以觉得学习枯燥乏味、单调无趣，最根本的原因在于他们还没有感受到学习的乐趣，故而不能专注于学习。在学习之路上，兴趣是最好的老师，假如我们无法发现学习的乐趣，就不会对学习充满热情，也就不会主动去学习，这样一来又怎么能学好呢？

其实这个道理很好理解。我们可以想一想自己学习自行车或者电脑的经历：那时候我们是不是因为这个过程充满了巨大的乐趣而废寝忘食地去学习？于是很快便有了进步，可以摇摇晃晃地骑着自行车前进，抑或可以在电脑上享受游戏带来的惊险体验？而对于那些不感兴趣的运动，是不是即便它们学起来很简单，自己也不会去认真对待？

可见，兴趣和效果之间有着巨大的关联。有了兴趣做起事来才可能有乐趣，有了乐趣才可以让我们对学习的内容充满热情，获得巨大的动力，在遇到困难和挫折之后不仅不会放弃，还会主动去克服，全力以赴实现自己设定的目标。假如没有兴趣，感受不到乐趣，仅仅是迫于压力而不得不去做，那么学习的过程就会单调乏味、苦不堪言，最终也不会收获什么。

一位高考状元在谈到自己中学时代的学习秘诀时，特别强调了四个字——享受学习。他说他小时候就对数学非常感兴趣，特别喜欢钻研那些千奇百怪的数学题。每次遇到比较特别的数学题时，他都会立刻进入状态，全部心思都集中在习题上，对周围的事情一点也不关注了——这种状态会一直持续到他将数学题解出来为止。

对他而言，挑战难题，冥思苦想，继而战胜它们，是一种享受，因为从中他能够获得强烈的成就感。当然，有时候他也会觉得很累，但是在数学的海洋中不停汲取知识的那种美妙感受，会让他很快就再次精神饱满地投入到学习中去。

由此可见，当我们觉得学习比较枯燥的时候，我们应该暂时停下来，培养自己的学习兴趣，发现学习中的乐趣，这样才能最大限度地调动学习的积极性。

那么在学习中，我们应该具体从哪些方面入手呢？

（1）从最感兴趣的科目入手

一提到"感兴趣"，很多学生的脸上往往都会表现出半喜半忧的神态。有些同学对什么都感兴趣，绘画、音乐、体育，等等，但是一提起学习就顿时没了兴趣，感觉头痛。

其实只要仔细分析一下就会发现，所学的几个科目中总会有我们喜欢的学科，因为喜欢，所以感觉它包含了很多的乐趣。最聪明的做法就是从我们感兴趣的学科入手，先在那些我们喜欢的学科上下功夫，然后再去学习那些我们不怎么喜欢的学科。

为什么要这么做呢？大家都会有这样的体验：当人喜欢一件事情，通常就会全力以赴去完成，想尽办法解决遇到的困难。其实学习也是这样的道理，当我们对某门学科比较感兴趣，我们就会主动地投身其中，将大部分精力和时间运用在这么学科上，感觉浑身都有使不完的劲头。当这门学科成绩好起来后，我们的信心就会"爆棚"，这个时候再去钻研那些平时不怎么喜欢的学科，也就更加高效了。

所以在学习中，我们首先要在自己最感兴趣的学科上下功夫，努力将兴趣转变为成绩，这样才能带动我们学习其他学科的积极性，从中发现更大的乐趣。

### （2）不搞"疲劳战术"，不要死记硬背

很多学生感受不到学习的乐趣，这和他们错误的学习习惯有很大的关系。有些学生在学习中大搞"疲劳战术"，疯狂做题，不知道劳逸结合。

虽然从表面上看，这类学生几乎将一天24小时都用在了学习上，但是他们实际的学习效率却很低下。这是因为我们的大脑不可能整日运转个不停，它也需要休息。假如我们违背了这个规律，只能事倍功半，得不偿失。

还有些学生习惯于对课本上的知识死记硬背，不管什么知识点，以为只要背诵下来，考试的时候就能拿高分。但是中学知识的运用是建立在理解的基础上的，假如我们不理解，只知道背诵，那么到头来即便投入了大量的时间和精力，学习效果也仍然很糟糕。这样的话，也就渐渐感受不到学习的乐趣了。

由此可见，用功归用功，但也要讲究方法，而且功夫必须用在正确的地方。如果方法不对，那么即使花费再多的时间和精力，也不会收获多大

的功效,反而会慢慢失去学习的兴趣。所以在学习中,我们最好不要搞疲劳战术,要注意劳逸结合。另外,也不能死记硬背,要在理解的基础上进行记忆。这样,我们的学习状态才会变得越来越好,学习效率才会大大提升,对学习才会越来越有兴趣、越来越有激情和动力。

### (3)巧妙激发学习兴趣

在日常学习中,我们可以通过下面两种方法来激发自身的学习兴趣。

兴趣暗示法。对那些我们不怎么喜欢的学科,我们在学习中可以采用兴趣暗示法。比如有的学生对化学学习比较抵触,那么在学习之前不妨先做一些热身运动,弯弯手指,握握拳,然后大声地对自己说:"新的一天新的开始,化学,从现在开始我就会喜欢上你""我觉得自己能学好化学,我相信化学也一定会爱上我的""化学的乐趣等着我去发现"……

假如我们每次都能这样暗示自己,养成习惯坚持下来,加之运用良好的学习方法,那么我们就有可能培养出对化学的最初兴趣。这种方法能够让我们在情绪上始终保持愉悦,打开学习的心灵之门,如此一来,学什么知识都会更加容易。

对中学生来说,最大的职责就是学习。很多学科都是我们必须去面对的——身为学生我们不可能改变课程,那么我们只好改变自己对待学习的态度,努力让自己喜欢上所学的学科。既然厌恶也是学,快乐也是学,我们为什么不去选择快乐地学习呢?

兴趣迁移法。对自己不喜欢的学科,也可以采用兴趣迁移法,利用自己对其他学科的兴趣带动对自己不感兴趣的学科的学习。想象一下我们在学习自己喜欢的课程时的感受,让心情愉悦起来,然后将这种愉悦的情绪迁移到自己不怎么喜欢的学科学习上,这样一来,我们在学习不喜欢的课程时也会保持一种相对愉悦的情绪,学习效率自然会有所提升。

## 学习前制订一个科学的计划

想要养成专注的学习习惯，提升学习时的效率，我们还需要养成制订学习计划的习惯。在学习之前制订好计划，接下来才会知道学什么、怎么学，这样的话，心里面明明白白，学习起来就会非常主动。在这样的状态下学习，自然也就事半功倍，能取得最好的效果。

假如在学习中，我们连自己将要学什么、怎么学都不知道，心里也没个数，考虑最多的问题是"老师要我做什么"，而不是"我要做什么"的话，那么我们学起来就会变得浑浑噩噩，学习行为变得盲目而又被动。在这样的状态下，我们的学习又怎么可能变得高效呢？

有句古话说得好，"凡事预则立，不预则废"，它告诫我们在做事之前必须要有计划，这样才更容易成功；反之，没有计划的盲目行为，往往会让我们事倍功半，效率低下。

纵观历年高考状元，他们之所以能够在众多考生中脱颖而出，最重要的一点就在于他们都养成了制订学习计划的习惯，这让他们在学习中变得更加专注、更有效率。

有位高考状元就曾用一个巧妙的类比说出了她始终能专注于学习的秘诀。这位状元说："军事家在每次战役之前都会制订几套作战方案，企业家则会在推出某一品牌前做好一系列的市场营销计划。假如没有这些事前做好的计划，那么战争就可能会失败，品牌的知名度也不会迅速地提升。

"同样的道理，学习需要我们做计划，这样我们才能将有限的时间和

精力用在最需要的地方，才会更加专注地汲取知识，不然只会像无头苍蝇一样乱撞，一会儿做数学题，一会儿背诵课文……结果一天下来，什么实质性的内容都没学到。"

可见，学习中有了计划，我们每一步行动才会更加明确，也不必再浪费时间和精力去考虑下一步应该学什么、不学什么了。这样井然有序地将计划执行下去，那么最终我们将会实现预期的学习目标，让自己在学习上更上一层楼。

（1）做好周计划

很多学生在学习中都会有"瞎忙"的感觉，觉得自己付出了大量的时间和精力，最终的收获却很少。为什么会出现这种付出与收获不成正比的学习现象呢？最根本的原因就在于这类同学缺少一个好的学习计划。

学习对我们而言是一个渐进积累的过程，并不是一朝一夕就能做好的。没有科学的学习计划，只知道被动盲目地学习，最终势必会一团糟。

优秀学生会从设计一周的学习计划开始。这是因为一周的时间说长不长，说短不短，往往最能体现出学习计划的效果；另外，周计划只要稍微调整一下，就能衍生出日计划和学期计划，灵活性很大，最值得我们下功夫。

下面是一位高考状元制订的"一周学习计划"，我们可以参考一下：

星期一：认真听课，做好各科的课堂笔记。这一天的复习重点为语文，要特别抽出时间背诵老师讲的知识；晚上预习一下第二天的课程。

星期二：重点复习数学，将数学练习册上的习题做完，并且预习第二天的数学课程。

星期三：认真听课，做好各科课堂笔记。重点复习英语，抽时间背诵一下当天的英语单词和课文，向老师请教错题本上的几道语法难题。

星期四：认真听课，灵活安排时间，综合复习语文、数学和英语。做好复习，并预习第二天课程。

星期五：复习其他学科，查漏补缺，将没有掌握好的知识点再梳理一遍。

星期六：总结一周的学习情况，翻看各学科学习笔记，不足的地方要重点关注，力求改善。适当运动一下，做到劳逸结合。

星期日：预习下星期一的课程。

## （2）立即行动，做到"知行合一"

有了科学的计划，还需要我们立即行动起来，这样计划才会真正发挥作用，提升我们学习的专注力水平和效率。假如只是一味地空想，那么再好的学习计划也是枉然，到最后我们只能一事无成。

有位高考状元对此深有感触地说："哲学上有'知行合一'的观点，意思是我们必须将认识事物的理论学习和实际行动统一起来。也就说，有些事情，假如我们只是计划，而不去践行，是永远也不会成功的。"

由此看来，行动才会出成绩。假如我们在学习中光说不练，习惯性地偷懒耍滑，就是对自己学习的不负责，更是对人生的不负责，最终伤害的还是我们自己。想要优秀，我们必须要立即行动起来。

## （3）要灵活运用学习计划

有些同学在制订了计划后，会死板地坚持，忽视了灵活性，对突发事件缺乏必要的应变能力和调整余地，以至于很难按照计划完成最初设定的学习任务。

人们常说计划赶不上变化快，的确，我们在执行具体的学习计划时可能会遇到一些偶然的、突发的情况，或者因为某些原因导致最初的计划不能按时完成，比如生病、受伤、好朋友突然到访等。这个时候我们应该怎

么做呢？

我们需要明确的一点是，学习计划并不是一成不变的，它是可以变动的，具有很大的灵活性。假如我们遇到了一些意外状况，在时间和精力上有所不济，那么我们就没有必要再僵硬地坚持最初的计划。

所以我们在制订计划的时候要有弹性，比如每天可以腾出一个小时作为备用时间，专门完成一天当中没有完成的学习任务；每周抽出半天的时间完成一周中没有完成的计划；等等。

## ▶ 大声地朗读

仔细观察的话你会发现，很多中学生都喜欢大声朗读，而且学校早晨也设置了早读课，目的也是让学生放开声音朗诵课文。教育学家研究发现，大声读书有两个非常显著的好处：第一，能够让人的注意力更加集中，对时间的感知更加细腻；第二，动嘴的时候调动了眼和耳，利用视觉和听觉上的互动让思维更加活跃，加深理解，增强记忆。

每个中学生都会有这样的体验：默读的时候，不管是看小说还是读报纸，时间一长，往往会走神，经常是眼睛看到了文字，思维却没有跟上。而大声朗读则很好地解决了这个问题，让眼、耳、口协调，使人的视觉、听觉与思维同步。

本质上，大声朗读其实是一种将文字转化为语言的阅读方式。现代科学研究发现，声波可以经由神经系统传向人体的五脏六腑，当人大声朗读的时候，嘴巴配合着眼睛一起运动，会增加大脑语言管理中枢的反射强度，提升人体对文字的感知能力。

我的一个学生丽丽，是个很活泼的女孩子，似乎每天都有做不完的事情，除了学习之外，她还喜欢画画、跳舞、做游戏、看动画片等。但是我渐渐发现她不怎么喜欢读书，即使偶尔看一会儿书，也是低着头默默地看，从来没有见她大声朗读过。

而且我还发现丽丽做事不大容易集中注意力，总是三心二意。比如有时候会在做题间隙看漫画书，结果习题准确率很低，漫画书也没看出啥滋味。为此我曾经提醒过丽丽，告诉她学习要专注，但是丽丽却没听进去，时间长了，渐渐养成了注意力不集中的毛病，做什么事情都不能一心一意。

我将这一情况告诉给了丽丽妈妈，希望她能够配合我一起纠正丽丽这种学习不专注的坏习惯。我给她讲了大声朗读的好处，其中就包括可以增强孩子的注意力。我建议丽丽妈妈在生活中多引导丽丽大声朗读，时间久了，丽丽自然也就学会专注了。于是丽丽妈妈决定每天让丽丽挤出一个小时的时间大声朗读课文。对于妈妈的安排，丽丽倒没有表现出什么反感，相反，她还觉得这是一个很好的"游戏"。

就这样，在妈妈的帮助下，丽丽每天都会大声朗读一个小时的书。一个月的时间很快就过去了，丽丽不仅喜欢上了读书，被书中各种各样的故事深深地吸引住，还逐渐摒弃了做事注意力不集中的坏习惯。妈妈觉得丽丽做事效率高了很多，对时间把握得也很精准。

现阶段，大声朗读的好处已经被很多人所认知。一方面，大声朗读有助于我们进行视觉上的训练——假如我们不仔细地盯着书上的文字，那么读起来就会出现错读、漏读等现象，耳朵听到之后大脑就会得到提示，马上对错误进行矫正。而如果是默读的话，这些错误则可能会一带而过。

另一方面，大声朗读会调动人的视觉、听觉，两者结合在一起，这个时候文字就会在大脑中形成画面感，使我们对文字有更好地理解，从而更专注地阅读。而默读则没有这样的功效，有时候反而会起到一定的"催眠"效果。

所以在学习中,我们应该鼓励自己大声朗读。我们不妨在放学之后安排一个小时时间朗读自己喜欢的散文、小故事等。在这个过程中,我们可以邀请爸爸妈妈来作"好听众",让他们"挑刺儿",指出我们朗读中出现的错误,尽量让我们不读错、不读丢。假如我们能够养成大声朗读的习惯,日复一日地坚持下去,那么我们学习时的注意力也定会越来越集中,做事的效率也会越来越高。

既然大声朗读对我们提升注意力有如此大的好处,那么在生活和学习中,我们应该从什么方面来着手进行呢?

### (1)养成大声读书的习惯

专注习惯的养成需要不断的积累,假如我们大声读书总是"三天打鱼,两天晒网",那么对增强做事的专注力是没有什么作用的。所以我们要想方设法将大声朗读变成一种学习习惯,就如每天起床后要刷牙一样。哪怕大声朗读的时间每天只有半小时,但只要我们用心读了,认真对待了,日子长了,专注力自然就会得到增强。

另外,我们需要注意的是,不一定非要督促自己每天单独挤出很长的时间大声朗读不可,因为一旦将这种训练上升为所谓的"必做任务",强制自己执行,那么就可能引发我们内在的逆反心理。不妨尝试"化整为零"的方法,利用每天零碎的时间大声朗读,不一定非要连续地、长时间地强迫自己去朗读不可。

只要我们细心观察,就会发现每天会有很多的零碎时间,只要能利用好这些时间,就可以"拼凑"起大声朗读的"时间地图"。我们还可以在中午休息的时候去户外,找一个安静的地方大声朗读。当我们充分利用自己的零散时间大声朗读时,就会发现朗读无处不在,时间无比珍贵。

### (2)选择适当的朗读书籍

并不是所有的书籍都适合我们大声朗读。适合我们朗读的书籍内容一定要积极健康、语句优美,读起来抑扬顿挫。另外对书的内容也要仔细甄别,一些经典性的书籍就比较适合朗读,其中蕴含有一定道理,多读收获颇大,比如可以读一下中学语文课本,也可以读一读四大名著。

当然,也不要选内容太复杂的那种书。大声朗读的对象在内容上最好比较纯粹,主题明显。要知道相对于成人,中学生在思维上还比较迟钝,认知能力也不是太强,假如阅读内容太复杂(比如一些哲学类和推理类书籍),会让中学生觉得晦涩难懂,继而失去读书的兴趣。

另外,一些散文、诗歌以及文学作品中的优美片段等都适合中学生大声阅读。这类作品语句优美,感情丰富,会让中学生在阅读过程中收获美的体验,越读越爱读,越来越专注。

## 每次只做一件事

大家都知道"猴子掰棒子"的寓言故事:小猴子掰了棒子,在回家的路上看到了桃子,于是便扔了棒子摘桃子;抱着桃子走着走着又看到了大片的西瓜田,于是便扔了桃子摘西瓜;再后来看到了一只小白兔,又扔了西瓜抓兔子……最终什么也没得到。

很多中学生做事也和小猴子一样,做什么都比较浮躁,做着这件事想着那件事,最终什么也不能做好。比如写作业的时候还听着歌或者看电视,结果原本能半小时写完的作业用了一个小时才完成,而且还错误百出,被老师批评。

2014年厦门高考文科状元林真,中学时成绩上升很快。最初,他在班级中的排名还不是太突出,各科成绩上升的空间都很大。有一次,他意识到自己应该静一静,分析一下自己在学习上出了什么问题——"为什么我

还不是最优秀的那个人呢？"

后来他发现自己在学习的时候缺乏专注精神，做题的时候总爱分心，这样一来，不管学什么都很难一步到位。而且，因为经常一心二用，贪多不求精，什么事情也做不好。

弄清楚了自己的缺点，他便在学习中不断地暗示自己：要专心，一次只做一件事情。比如在课堂上，他要求自己必须紧跟老师的讲课思路，集中精力听课，其他无关紧要的事情都不去关注；看书的时候就用闹钟给自己定一个时间点，逼着自己在限定的时间内将预设的内容看完……

由此可见，很多时候我们的考试成绩除了和自身聪明程度有关外，还和我们学习专不专注、对老师布置下来的任务是不是能一丝不苟地完成有很大的关系。假如在这个过程中我们分了神，缺乏专注的精神，那么我们最终的收获就会很少，考试成绩难以提升。

日常学习中，很多同学在学习上常常不分主次，什么都想做，但是却什么都做不好，不知道一次只做一件事的道理，这是典型的注意力不集中的表现，时间长了，不利于专注能力的养成。

也就是说，我们在学习上遇到的问题，很多一部分还是缘于我们注意力不能集中。正因为注意力持续集中的时间短，所以对一件事情的关注时间短，具体表现为一心二用，甚至一心多用，最后落得个事事做不好、事事无收获。所以当意识到我们身上存在着这类缺点时，我们应该及时纠正身上的这种不良学习倾向，不然很容易养成做事不专注的习惯，继而影响到考试成绩。

我们可以要求自己每次只做好一件事情，当一件事情做好后，再去做另一件事情，这样才能把事情一件一件都做好。假如任由自己不分主次地做事，那么最终只会出现一种结果：花费了大量的时间，却什么事情也做不好。

### （1）培养耐心做事的习惯

很多时候，我们之所以不分主次地做事，是因为在生活和学习中长久地做同一件事情，产生了"审美疲劳"，故而失去了耐心。这种情况下，我们需要在家庭生活和学校学习中多锻炼自己的毅力和做事的自觉性，在此基础上才能变得更加有耐心。

首先，我们做事要有始有终，不能半途而废。要想做一件事情或者参加一种新活动时，我们必须要在内心中叮嘱自己：必须先将之前自己在做的事情做好。比如你想要洗澡，但是产生这种想法的时候你正在做作业，这个时候你就可以在内心深处这样告诉自己："先把作业做好，然后再洗澡！"做完作业后，你还应该仔细地检查一下作业是不是很认真地写了，假如觉察出自己刚才为了能尽快洗澡而潦草粗心地应付了作业，此时就要立即做出改正，直到满意为止。这样，我们才可能在生活和学习中养成做事有始有终的好习惯。

另外，我们可以故意给自己设置一些障碍来磨砺心性、培养耐心。要知道人的耐心是需要不断磨炼的，越是在紧急困难的时候，越能磨炼人的耐性。比如可以在做事的时候给自己设置一个时间限度或者增加一些难度，这样既可以让我们集中注意力，又能锻炼我们做事的耐心。在完成任务后，我们还可以在心中夸奖一下自己，获得成就感，坚定信念。

### （2）学会分清事情的主次

很多学生喜欢在一个时间段内同时做几件事情，这其实是一种典型的主次不分的现象。这些学生认为自己所面对的每一件事情都很重要，都需要自己立即行动起来。其实这也是一种潜意识的模仿行为，比如有的家长无意识中一心二用，一边看电视一边做事，孩子看在眼中便有样学样，一边看电视一边做作业。时间长了，注意力自然也就分散了，学习效率就会

变得低下。

  所以我们在生活和学习中首先要给自己找一个专注做事和学习的榜样,用榜样的力量不断激励自己,在做事的时候学会一心一用。

# 第三章 有效记忆的习惯：知识记得住，才能学得好

　　学习是一个渐进积累的过程，离不开对知识的大量记忆。从某种程度上来看，记忆能力的强弱影响着一个人学习成绩的高低。记忆不等于死记硬背，也不等于大搞疲劳战术，只有养成有效记忆的学习习惯，我们才可能在知识的理解和储备上领先一步。

# 将记忆目标分解成几个小节

很多学生在面对需要背诵的篇幅很长的课文和材料时，常常愁眉不展，不知道从什么地方下手才好，甚至会因为所要背诵的对象篇幅太长而最终丧失背诵的信心。这个时候，其实只要将大目标分解成几个小目标，化整为零，记忆起来就不会觉得太难了。

比如我们要背诵一篇课文，可以先将这篇课文分解成需要背诵的若干段落，然后每个段落再细分为几个小的部分。这样一来，原本很长的课文被巧妙转化成了若干小的片段，我们在背诵的时候也就更加容易、更加有信心了。

我的一个学生张菲，她背诵课文的时候有自己的习惯：不像别的同学那样总是想一口气把整篇课文背诵下来。张菲在背诵课文之前会先将课文朗读几遍，让自己先熟悉一下要背诵的课文内容，然后每读一小节就背诵一小节。在张菲看来，相对于整篇文章，背诵一个小节显然轻松很多。如果课文中的小节本身文句就非常多，她还会将这个小节分解成几个小段落，最后再将小段落连起来。

等到各个小节都背诵下来后，张菲会重新再读一遍课文，熟悉一下每个小节的先后顺序，看一看哪个小节背诵得还不是太熟，然后再回头重点背诵一下。等到各个小节都背诵流畅，她会将各个小节连在一起背诵一遍，然后朗读一遍，之后再背诵一遍……这样几番下来后，整篇课文也就能够熟练背诵下来了。

我很欣赏张菲的这种记忆习惯。在我看来，这种记忆习惯和吃甘蔗差不多：甘蔗很细很长，我们不可能一口气将整个甘蔗吃完，可只要一节一节地吃，最终总能将整根甘蔗吃完。

所以在背诵记忆的时候，如果遇到篇幅太长的学习内容，不妨习惯性地将之先分解成几个小片段，然后逐个记忆，最后再连成一个整篇。这样一来，记起来也就变得容易了。

那么我们在培养这种记忆习惯时，需要注意一些什么呢？

### （1）要控制好每一次记忆的内容总量

我们在记忆的时候，需要控制好每一次记忆的内容总量，如果每次记忆的内容过多，很容易导致大脑疲劳，进而使记忆效率变得低下。

我们可以将每次需要记忆的内容总量控制在一个最佳量位上，以自己能够一次性完成记忆为原则。如果当记住了一部分内容时，自我感觉还能再记住一些，那么下次背诵的时候我们就可以适当地增加所要记忆的内容。

但是需要注意的是，分割出的每小节的内容也不宜太少，不然会让整个背诵过程出现太多的衔接点，变得琐碎，最终反而会给记忆设置不少的障碍。

### （2）小节的划分要根据文意划定

将长篇资料划分成小段可以帮助我们更好地记忆，但是这些小段落在划分的时候并不是随意而为的，不是想在哪里划分就在哪里划分的。

我们在划分小节前最好先阅读几遍文章和资料，根据文意划定具体的小节。一般而言，小的段落可以单独作为一个背诵小节，而处理大的段落时最好根据文意进行划分，这样便于理解，能够让我们背诵起来更加高效。

### （3）注意小节之间的上下承接顺序

按照小节背诵时，要特别注意一点：将每个小节都背诵完毕后，我们有必要将所背诵的课文或者资料从头到尾阅读几遍，借此熟悉各个小节之间的承接关系，方便我们接下来将所有小节顺利地连缀成篇。

有很多学生在背诵完各个小节后，会遇到这样一个问题：背完一个小节后，不知道下面应该背诵哪个小节了。这其实是小节承接顺序错位而引发的一种记忆问题。只要我们能够将所要记忆的对象阅读几遍，掌握各小节彼此间的衔接顺序，那么这个问题就能得到很好的解决。

### （4）记住内容之后还要及时加以巩固

将记忆目标分解成几个小节，能够让我们化大为小，快速地记住所要掌握的内容。但是将内容记住并不意味着从此以后就可以高枕无忧了。因为之前我们的记忆是凭借连缀小节的技巧，时间长了如果不巩固，很可能出现脱节现象。

所以在背诵完后的24小时内，我们需要及时回过头来再巩固一下记忆效果。在巩固的时候，我们应该采取跟之前截然不同的方法，争取一次到位，从头至尾将之前背诵的课文或者资料大声地背诵出来。这样做，一方面能够强化各个小节之间的关系，另一方面也能让我们对内容整体有更加熟练的把握。

## ➡ 一张小纸条中的记忆习惯

对中学生而言，最重要的考试就是中考和高考了。作为一种选拔性考试，中考和高考主要考查的是中学生对知识的掌握和运用能力，而这些能力很多都是建立在记忆基础上的。特别是对文科学生而言，相对于理科学生，他们需要记忆的知识点显然更多。

江西省理科状元王龙在中学时代就曾经遇到过记忆问题。有一段时间他记东西并不是很理想，有些原本很简单的知识，他在考试的时候运用起来却很生涩，有时候甚至怎么想也想不起来。后来王龙通过查阅资料发现，这种情况和人的记忆习惯有很大关系，于是他便想了一个方法——利用小纸条来帮助自己记东西。

王龙将一些自己比较容易遗忘的知识写在小纸条上，把小纸条粘贴在自己能够看到的地方，比如卧室的门上、书桌前面的墙壁上、床头、镜子上，等等。小纸条上的内容不求全面详尽，只求高度概括、一目了然。这样一来，王龙在生活和学习中就会经常和小纸条"偶遇"，他将小纸条上的内容看了一遍又一遍，纸条上面的知识点自然也就烂熟于心了。

由此可见，纸条虽小，但是却能帮助我们记住很多知识点。只要我们在日常生活和学习中养成利用小纸条记忆的习惯，我们就找到了一条记忆的捷径，帮助我们更好地掌握各个学科的知识。

那么在实际学习中，我们运用小纸条进行记忆时，需要注意些什么问题呢？

## （1）小纸条内容要及时更新

贴在我们目力所及之处的小纸条，要根据我们实际的学习情况及时更新内容，这样才能最大限度地发挥小纸条的功效。而且我们在誊写内容的时候要特别注意自己现阶段学习的特点，比如我们新学了数学知识时，总是容易忘记一些数学公式，那么我们在制作小纸条的时候就有必要将数学公式写在上面，这样能够保证我们的记忆和自己当前的学习进度同步，有

助于我们及时地查漏补缺，巩固所学知识。

千万不要三分钟热度，一贴上小纸条就再也不更新了，每天只看固定的那点儿内容。这样的话，对于我们提高总体记忆能力的帮助并不是很大。

（2）小纸条的内容要尽可能简洁，突出重点

运用小纸条进行记忆时，囿于小纸条的篇幅，我们不可能在纸条上书写太多的文字。所以在制作小纸条的时候，我们应该坚持简洁的原则，所写的内容尽可能要一目了然、突出重点，这样我们在记忆时才会简便高效。切忌贪多，写得满满的，蝇头小字，那样的话我们会因为字太小而产生阅读困难。

（3）关键词要用大字突出或者用彩笔书写

在制作小纸条的时候，如果要突出记忆重点，不妨将关键词用大字书写出来，或者用彩笔书写，这样在我们读纸条的时候就能起到着重提醒的作用，让我们能够抓住关键点进行记忆。如此一来，我们对知识的记忆就会变得更加轻松、更加准确。

（4）内容已经记下来的小纸条，要保管好

当我们将一张小纸条上的内容记住之后，先不要急于将小纸条扔进垃圾筒中。要知道，虽然我们当时记住了，但是说不定以后在某个知识点上还会出现记忆倒退的现象，那个时候还需要重新把小纸条贴出来。再说，小纸条上的内容是我们反复斟酌写下来的，浓缩了一个或多个知识点，是很好的复习材料，有很大的保存价值。

## 头尾记忆法：一头一尾最关键

美国著名的心理学家荷蒲兰德曾经做过这么一个实验：他将十二个单词排列成一行，然后让别人来记忆，看看哪些单词最容易被人们忘记。这个实验的结果很有趣：没有一个人记错第一个和第二个单词，而从第三个单词开始，人们的记忆错误便逐渐增多了。第七个和第八个单词上的记忆错误最多。再往后，记忆错误会逐渐减少，到了第十二个单词，人们的记忆情况和第一、第二个单词一样，几乎没有人会出现错误。荷蒲兰德将这种错误起伏的情形称为"记忆的排列位置功效"。这个实验表明，排在开头和结尾的材料是最容易被记住的。

由此可见，在学习中，我们要学会记住材料的头和尾，养成这种习惯非常有必要。快速地记住开头和结尾的内容，然后再重点记忆其他内容，这样可以取得事半功倍的记忆效果。

中学生活中，很多优秀的学生都善于利用这种记忆习惯为自己的学习"服务"。2012年安徽理科状元倪慧同学说："上了中学之后，我发现需要记忆的知识越来越多，尤其是在考试之前的复习阶段，有大量的定理、公式、语法和课文材料需要背诵。

"一开始，我常常为此而忙得焦头烂额，望着各种需要背诵的学科知识苦恼不已。但是时间一长，我渐渐发现了一个有趣的现象：不管我背诵什么学科的知识，每次都是开头的那部分和结尾的那部分记忆效果最好。后来查阅资料才知道，原来我学习中发现的这种现象和人的心理因素有着密切的联系。人在开始背诵的时候，往往都有着一种好奇心理和

兴奋劲儿,等到背诵快要结束的时候,人的内心又会产生一种如释重负的轻松感,这些积极的心理因素都能显著增强人的记忆力。而在记忆的中间阶段,人们则会产生怠慢和厌倦心理,所以这部分内容是很不容易被记住的。

"意识到了这点,我后来再安排记忆内容的时候,便习惯性地将最重要的学科内容放在最前面或者最后面。这样一来,我之后的记忆效率得到显著提高,特别是复习的时候,变得更加轻松了。"

由此可见,在学习中,如果我们养成将重要知识点放在开始和结尾去记的习惯,那么我们的记忆效率会提高很多。相对于普通学生而言,优秀的学生之所以能够高效地记忆知识,很多时候原因并不在于他们有多么聪明,而是他们养成了科学的记忆习惯,成功地提高了记忆效率。

那么我们在日常学习中利用头尾记忆法进行记忆的时候,需要注意哪些方面的事项呢?

### (1)对于内容比较多的知识点,可以分段记忆

在学习的时候,我们会经常遇到这么一种情况:需要记忆的知识点内容太多、篇幅太长,开头和结尾只有一处,中间的内容却占了很大的篇幅。这个时候如果我们机械地运用头尾记忆法,能够记住的往往只是开头和结尾的几小段内容。

面对这些状况,我们不妨根据文意将整篇内容分为若干个小节,这样一来每个小节便都有了新的开头和结尾,中间部分所占篇幅显著缩小,记忆的效率必定能够提高上去。

### (2)反复打乱内容顺序进行背诵

比如在背诵一些英语单词、语文字词的时候,第一遍背诵过后,我们可以相应地调整一下各个词语的排列顺序,然后再背诵第二遍;第二遍背

诵完毕后，再次调整各个单词的顺序……如此循环往复，使得每一个词语都有在开头和结尾"坐镇"的机会。

这种调整顺序的方法看似麻烦，却巧妙地利用了人类的认知记忆规律，"营造"出了更多的开头和结尾，这样一来我们就能更好地利用头尾记忆法进行背诵了。

### （3）合理安排记忆计划

在进行背诵之前，我们最好制订一个科学的计划，根据需要背诵资料的轻重缓急来安排先后顺序——将重要的、紧急的内容安排在开头和结尾；至于一些比较次要的内容，则可以安排在中间位置。

另外我们还要注意，不要让相邻的背诵内容彼此造成干扰，尽量让前后学习内容截然不同，这样我们就可以很好地避免因为识记内容相近而对大脑造成的抑制作用，减轻疲劳。

### （4）劳逸结合，科学记忆

学习要遵循科学规律，很多时候并不是记忆的时间越长，记忆的效率就越高，我们能够记住的东西就越多。很多同学总是好大喜功，搞时间战术，认为只要记忆的时间久了，再多的资料也能记下来。这种想法其实是很不科学的，甚至会因为长时间的记忆而使大脑疲劳不堪，最终导致记忆效果低下。

所以我们在记忆的时候要劳逸结合，比如背诵完一段文字后休息10分钟。这样一来，不仅大脑得到了休息，而且还"催生"了更多的开头和结尾，提高了背诵效率。

## ➤ 养成在大脑中"过电影"的习惯

很多同学都觉得通过复习的方式来记忆是一件很费时的事情，还不如安心做几道题来得"实惠"。但实际上，如果我们连最基本的定理和公式都记不住，那么即便做再多的题，对学习成绩的提高也没有什么用处。

另外我想说的一点是，养成通过复习的方式来进行记忆的习惯，并非是要我们坐在书桌前一味地死记硬背。我们完全可以采用更加巧妙的方法来进行复习记忆。每天入睡前，我们可以闭上眼睛在大脑中"放放电影"，想一想老师当初是怎么板书的，是怎么讲解知识点的，提了几个问题，同学们又是怎么回答的；想一想今天自己做错了哪些题，哪些知识点还需要再复习一下；等等。这样一来，既巩固了当天所学，又增强记忆，还能顺带着查漏补缺，帮助我们及时发现自己知识体系中的漏洞。

2012年广西高考文科状元谭思颖，在中学时代就养成了"过电影"的记忆习惯。在很多老师和同学眼中，她是一个学习天才，班里的同学都觉得她天生就能过目不忘，所以才能那么轻松地记住知识，在考试中取得令人羡慕的好成绩。

其实，谭思颖之所以能做到"过目不忘"，这与她良好的学习习惯是分不开的。她在介绍自己的学习经验时，就特别提到过这种"过电影"的记忆习惯。在学习中，谭思颖特别认真，记忆课本上的知识点，研究例题的解题思路，紧跟老师的复习节奏。而晚上临睡前，躺在床上，她会想一想这一天自己学过的知识、老师的解题思路，以及自己发现的一些疑问，等等。如果发现某些知识点记忆得还比较模糊，第二天一早，她就会第一时间翻看一下课本和笔记。

"过电影"是一种思考和记忆的过程，类似于哺乳动物的"反刍"，我们在每一次回忆知识点时都有必要一一咀嚼，及时回忆一遍当天老师讲的知识要点和梗概。这对增强我们的记忆效果来说，作用是巨大的，能够帮助我们及时巩固当天所学。另外这种记忆习惯还能让我们查漏补缺，及时发现自己疏漏的地方。

这种记忆习惯很容易养成："过电影"时，只需要闭上眼睛在大脑中回放当天学习的某一堂课，或者回顾当天所学知识就可以了，这个过程不会像坐在书桌前死记硬背那样让我们觉得枯燥乏味。很多优秀的学生之所以能够在考试中取得好成绩，和具备这种记忆习惯是密不可分的。

在日常学习中，我们可以灵活运用这种记忆方法，将之培养成适合自己作息规律的习惯。比如我们可以在散步的时候"过一过"电影，也可以在晚上睡觉前"过一过"电影……这样一来，日积月累，这种良好的记忆习惯必将让我们变身"记忆超人"。

通常来说，我们只需要一两个小时就能将全天所学知识在大脑中过一遍。但是这一两个小时却能显著增强我们的记忆效果，能帮助我们加深对所学知识的理解。那么在日常生活和学习中，我们在"过电影"的时候应该注意些什么呢？

### （1）"过电影"应该遵循一个由难到易的过程

在对"过电影"内容的选择上，应优先考虑那些平时难以记忆和掌握的内容，力求在不断的回忆和查证中提高对知识的掌握水平，将弱学科变成强学科。而那些我们觉得比较容易的学科知识则应被排在最后，回想一遍就可以了。

我的一个学生,在晚上睡不着觉的时候,会将白天老师讲的内容在大脑中"过电影",温习一遍。他的化学成绩之前一直不怎么突出,于是他每天睡觉前都会重点想一想当天学的化学知识,然后才是语文、数学等科目。他将化学老师白天教授的内容和知识要点像放电影一样,一幕幕地在脑海里展开。遇到重点的知识,还会反复推敲,琢磨解题思路。

就这样坚持了一个学期,他的化学成绩有了显著的提高,让周围的同学羡慕不已。

其实这个学生在"过电影"的学习习惯中收获的不仅是记忆能力,还有对学科知识的更深入的理解,以及对解题思路的归纳和扩展能力。这样一来,学习成绩的提高也就变成自然而然的事情了。

(2)"过电影"需要一气呵成,切忌中断

有些同学在"过电影"的时候可能会出现思维中断,使回忆变得模糊艰涩。这个时候千万不要着急打开课本或者课堂笔记去查看,最好的方法是继续努力地去回想,搜索自己大脑中的记忆点,通过一些轻松的画面让自己重新回到"过电影"的轨道上来。

也就是说,我们要尽量使"过电影"能够一气呵成,完全凭借自己的记忆来完成对"电影"内容的构建。如果养成了思维一中断就翻看课本和笔记的习惯,虽然会让我们回想的过程变得轻松不少,但是这种回想却不会在我们的大脑中留下深刻的印象,记忆的效果往往也不会太好,常常会出现看书的时候什么都懂、一放下课本就什么都记不起来的现象。

(3)"过电影"结束后要及时查漏补缺

在"过电影"的过程中遇到疑难问题、百思不得其解时,我们不妨先跳过去,等到整个"电影"放完了之后,如果时间允许,我们再拿出课本和笔记，解决刚才回想过程中遇到的疑难问题，这样才能完善知识体系，让我们对知识的掌握变得更加牢固。

如果时间不允许（比如有的学生是在睡前"过电影"，"电影"结束时已经很晚了），那么我们不妨先放一放，等到第二天一早起床后，再及时翻一翻课本，查一下笔记，将昨晚遇到的问题彻底弄清楚。

## 多通道记忆法：将多种记忆方式组合起来

中学时代，如果我们留心观察一下周围的同学，就会发现他们几乎都习惯于只运用一种记忆方法，已经在长久的学习中养成了一种定式：有的学生记忆的时候只知道大声地读个没完没了，有的同学则习惯低头默读，有的则会提笔写个不停……

这些同学根据自己的学习习惯摸索出来的记忆方法有时候是很有功效的，能够帮助他们有效地记住一些知识。但是这些方法却不是最高效的，原因在于这些方法只是连通大脑记忆"特区"的某个"单一通道"，在这个过程中需要识记的信息便是通过这个单一的渠道进入大脑的。

而心理学家认为，单调的记忆方式不但效率低下，而且也很容易给我们的心理和情绪带来消极影响，使我们产生疲劳、枯燥、烦闷等感觉。而多通道记忆法则能很好地避免这些问题的产生，让我们在整个记忆过程中始终保有一种新鲜感，能够积极主动地去记忆。

我国宋代著名学者朱熹在其著作《训学斋规》中指出："心不在此，则眼不看仔细，心眼既不专一，却自漫浪诵读，决不能记，记亦不能久也。三到之法，心到最急，心既到矣，眼口岂不到乎？"

而大文学家苏轼在其求知生涯中则养成了抄书的习惯。苏轼的抄书并

不是为了积累什么资料，而是为了加强自己对书文内容的记忆。凭借这种方法，苏轼记住了大量的书文。

不管是朱熹还是苏轼，他们的记忆方式其实都是一种多通道记忆法。所谓的多通道记忆法，就是将听、说、读、写、思和实际操作结合在一起的记忆方法，利用多种感觉器官协同记忆，这特别适合我们用来记忆那些内容烦琐而又比较重要的知识和信息。

2014年岚皋高考理科状元耿欣在谈到自己记忆英语单词的窍门时感触很多。上初中时，耿欣的英语成绩一般，和周围的同学一样，他记忆英语单词总是习惯采用土办法——死记硬背。每次考试，他的英语成绩都不是很理想，时间久了，他对英语的学习兴趣也渐渐丧失了。

初二的时候，耿欣的爸爸从美国回来，指导耿欣道："我们学习外语，没有纯粹的外语语言环境，在听、读、说、写方面的刺激少，导致我们缺乏语感，多了死记硬背，少了理解应用，所以学习难度大。只要你能将听、说、读、写结合在一起，多听英语磁带，多大声朗读，和老师用英语对话，那么学好英语其实是一件非常简单的事情。"

耿欣按照爸爸的话认真践行，果然之后的英语学习轻松了很多，他的记忆力也变得越来越好，英语单词的记忆效率大大提高。

多通道协同记忆要比单纯用眼看或者单纯用耳听的记忆效果好得多。那些在学习中习惯只动眼而不动嘴或者只动眼而不动手的学生，记忆效率往往并不是很高。而如果这些学生做到在动眼的同时动手或者动嘴，那么他们的记忆能力将会得到极大的提高，考试成绩也会有一定程度的提高。

那么在日常学习中，我们应该怎样运用多通道记忆方法呢？

（1）眼、耳、心、手、口并用

享誉中国的"哈佛女孩"刘亦婷就非常善于运用多通道记忆法，经常将眼、耳、手、心、嘴联合在一起，高效地记忆知识。她从上小学开始就养成了这种记忆习惯：在家学习的时候，她经常会综合性地采用一些方法，比如大声朗读、默读、动笔抄写或者听与背诵内容相关的磁带和录音，回想需要记忆的知识点，提笔默写下来，或者请父母当"老师"检查她背诵的熟练度，等等。通过这样的方式，刘亦婷巧妙地将几种感官"团结"在了一起，提高了记忆的效果。

在日常学习中，我们可以多借鉴这种记忆方法，巧妙地将眼、耳、口、手、脑等结合在一起，打开记忆的多个通道，循环交替运用，这样才能调动大脑的记忆潜力，提高我们记忆的效果。

（2）听、说、读、写相互结合

在日常学习中，我们对知识的掌握离不开听、说、读、写四种最基本的学习技能。同样，在我们掌握知识、记忆资料的过程中，这四种技能也是不可或缺的。

比如我们背诵一篇课文，可以先对着家里的录音机念一遍，将声音录下来，然后再播放一遍，跟着声音读出声，一边读一边理解文意，体会作者的写作风格，体味整篇文章的写作意境。这种方法特别适合我们背诵英语课文，能够帮助我们显著提高背诵效率。

另外，我们还可以在听的同时提笔写下所听的内容，体味一下作者遣词造句的高明之处，这样我们对文章的理解会更加深入，记忆的效果也会变得更好。

# 第四章 时间管理习惯：每天多出一小时，成绩就像坐"火箭"

中学时代，高效学习在很大程度上缘于对时间的合理规划和利用。从这个角度来说，会不会科学地管理时间，决定了我们学习的成败。所以我们有必要养成科学管理时间的习惯，以便更高效地学好知识。

## ▶ 珍惜每一分钟，杜绝学习上的拖拉

中学时代，我们最宝贵的资源其实是时间。一天只有24小时，除去被睡觉、吃饭、休息娱乐等占用掉的时间，我们能够真正运用在学习上的时间其实很有限。我们要想在有限的时间内最大限度地学到知识，就必须有一个明确高效的时间规划。

其实不仅是学习需要时间规划，从事各行各业的人都需要一个明晰的时间规划，一个人只有知道自己在什么时间应该做什么事情，才能充分地利用好属于自己的每一分、每一秒，在有限的时间内创造出最大的价值。

但遗憾的是，很多中学生并没有意识到这一点，总是觉得时间用不完，不必刻意去规划什么，有些学生甚至将大把的时间都浪费在和学习无关的事情上了。比如很多学生觉得自习课上无事可做，不是左顾右盼就是窃窃私语，放假之后更是不想学习，整天抱着电脑或者电视，等等。最终，宝贵的时间就这样被他们浪费掉了。

对中学生来说，时间是最宝贵的财富，正所谓"一寸光阴一寸金，寸金难买寸光阴"，即使是一分一秒，也是金钱买不回来的，一旦失去就永久地失去了。学习中，如果我们对时间视而不见，整日无所事事，而别人却一直在争分夺秒地用功学习，那么日子久了，我们就会被远远地甩在后面。更为可怕的是，当我们养成了浪费时间的恶习后，学习就会变得懒散，即便以后要想改变也千难万难了。

所以在日常教学中，我会经常告诫学生，让他们明白：不管在什么环境下，时间都是最宝贵的财富。特别是在学习中，一定要养成珍惜时间的好习惯，珍惜自己眼下所拥有的每一分、每一秒。

2014年滦南高考文科状元杨亚妮单科成绩为：语文129分，英语146分，数学132分，文综220分。在谈及自己的学习经验时，她特别提及自己珍惜时间的学习习惯。杨亚妮平时住校，非常注意对学习时间的充分利用。

杨亚妮说："我觉得自己平时的学习时间并不是很充足，为了能够最大限度地利用时间，我在上课的时候非常注意听老师讲课，以提高课堂学习效率。再有就是利用好课余时间，包括清晨早饭前和吃完午饭的时间，哪怕仅仅是平时一丁点儿的零碎时间，只要用心地加以利用，就会积少成多、集腋成裘。"

可见，利用好时间对我们的学习有着很大的帮助。有些学生虽然也知道利用好时间对学习成绩会有巨大的提高作用，但是却不知道具体从什么地方入手，以至于浑浑噩噩，虚度了很多光阴。

其实只要静下心来，找出我们在学习中浪费时间的根源，然后有针对性地加以纠正、改进，我们就可以从根源上摈弃浪费时间的恶习。

## （1）树立正确积极的时间观念

很多学生在学习的时候总是三心二意，禁不住诱惑，时不时在学习时间内做点儿其他的事情，最终导致学习效率极为低下。比如有的学生正在写作业，无意中看到同桌正在翻看漫画书，便禁不住诱惑，放下手中的笔，和同桌一起看起了漫画书。这样一来，原本的写作业时间变成了看漫画书的时间，等看完了漫画书再去写作业，却发现剩下的时间不够用了，这样岂不是将学习时间白白地浪费了？

这种状况在很多学生身上都存在着。也许第一次做时自己事后会懊恼不已，暗自下决心"下一次一定不会再犯同样的错误了"。可之后还是禁

不住诱惑，被各种各样与学习无关的事占用了大把的时间，以至于陷入一种恶性循环之中，将宝贵的学习时间都消磨掉了。

这个时候，我们就需要树立严肃的时间观念，要时时意识到时间的紧迫性，而不能总是想当然地觉得时间无穷无尽，放纵自己去做一些和学习无关的事情。

唯有意识到时间紧迫，我们才能在学习上始终保持紧迫性，才懂得珍惜自己眼下所拥有的每一分、每一秒，才会向浪费时间的行为说"不"，尽量不让自己在一些无意义的事情上浪费时间和精力。

### （2）提高学习效率

要想将有限的时间尽量变成"无限"，我们必须提高学习效率，在有限的时间内学习更多的知识。

要想提高学习效率，首先要明确学习的目标。如果在学习之前连目标都不清楚，那么我们即便再用功也是瞎忙活，白白浪费大量的时间，却收获无多。比如期末考试复习，有的学生刚看了几分钟历史课本，又拿出英语课本记单词，单词背了十分钟还不到，又拿出数学练习册开始做题，题还没做出五道，又开始找语文课本……这种没有目标的学习，怎么会有效率可言呢？虽然样样都学了，但是因为贪多求全，没有固定的目标，最终也就没有什么效率可言。

在日常学习中，我们可以给自己列出一个学习目标计划表，将一天需要学习的科目章节列出来，然后严格按照上面的计划学习。这样一来我们就有了具体而又明确的目标，对学习时间也就能做到有效的管理了。也就是说，明确而又具体的目标能够让我们的学习变得更加有效率。

所以我们必须在学习之前给自己树立一个明确的学习目标，比如在两小时内将整张试卷做完、在半小时内写完一篇作文，等等。这些目标的树立能够降低我们学习的盲目性，大大节约我们学习的时间，提高学习效率。

### （3）认真对待学习，杜绝拖拉恶习

我曾经教过一位学生，他很聪敏，对任何知识都能很快地理解。但遗憾的是，这位学生学习起来却很拖拉，不管是写作业还是回答老师的问题，都显得散漫无序，经常走神，导致原本半小时就能完成的学习任务花了一小时也没完成。他将大量时间都浪费在了无休止的拖拉之中，学习成绩也一直在班里的中游水平徘徊，难有寸进。

后来我建议他立即纠正这个坏习惯，要求他结合每天的作息时间，给自己指定硬性的学习计划，到了某个时间段就必须进入学习状态。他自己也意识到了拖拉习惯的巨大危害性，开始按照我的建议严格要求自己，一旦有拖延的想法就用学习计划来提醒自己。就这样，最终他改掉了拖拉的坏毛病，学习成绩也很快提高了上来。

我们一旦养成了做事拖延的坏习惯，就会浪费掉大量的学习时间，让我们在学习上损失惨重。因为拖拉的习惯总是会让我们将学习放在最后一刻，将之前宝贵的时间都浪费在无意义的发呆和等待中。

所以一旦发现自己有拖拉的坏习惯，必须想办法立即纠正，这样才能保证我们最大限度地利用时间。我们不妨在心中暗示自己：与其拖拉浪费时间什么也不做，不如高效利用时间拼一把。在学习生活中，我们可以给自己的学习设定一个硬性的截止时间：到了某个时间点必须学习某门学科；到了下一个时间点，就必须完成预设的学习任务……虽然这样的学习生活会比较紧张、比较辛苦，但我们毕竟高效地利用了时间，学到了更多的知识。

总之，我们要不断地在内心中暗示自己：想到了就要立即行动。这样也就避免了懒惰和拖延，最终利用好时间，学好各门学科知识。

## ▶ 给自己制订一个自学时间规划

除了上课听老师讲课之外,自学时间也是很重要的一部分,在某种意义上它甚至决定着我们学习的质量。在教学过程中,我经常听到一些学生这样抱怨:"人比人,气死人,为什么我学习的时间比别人多,成绩却比人家低呢?"

有这种疑问的学生不在少数,确实,为什么投入了同样的时间,最后产生的效果却相差这么大呢?在我看来,产生这种差别的主要原因在于优秀者善于规划自己的时间,有着明确的学习计划,而大多数学生却不知道怎么制订学习计划,从而导致学习效率低下。

在我看来,要想高效地学习,首先就要学会对自己的时间和学习内容进行合理的规划。因为每个人一天都有24小时的时间,不多也不少,那些能够高效学习的人会通过合理规划让每天"多出"一小时,而不懂得规划时间的人往往越忙越乱,杂乱无章,效率低下。

也就是说,好的时间规划,能够让我们每天"多出"一小时甚至几小时,这无疑会让我们的学习变得更加高效,学习成绩变得更加优异。

仔细分析历届高考状元的学习习惯,我们会发现他们在学习上都存在着一个共同点——善于规划自己的学习时间。他们不但会为自己规划一年的学习时间外,而且会合理安排每天的时间,最大限度地增强学习效果。

一位优秀考生曾给自己制定了这样的时间规划表:每天6:00起床,6:30—7:30复习英语,7:40—9:40复习数学,9:50—11:50为机动学习时间,视情况安排;中午午休;下午14:00—16:00复习物理,

4：10—6：10复习化学；晚上用2个小时复习语文，其余时间课外阅读。在他对每一门功课的复习中，不同时段以不同内容为主，什么时候多看课本、什么时候多做练习题，他都安排得很好。

很显然，这是一份非常科学的时间规划。经过一夜的睡眠，早上疲劳消除，体力也变得充沛起来，对我们来说是不可多得的学习黄金时段，因此可以安排一些难度较大的学习内容；中午的这段时间，大脑容易疲劳，尤其夏季更是如此，所以需要休息一下，养精蓄锐，好为下午更好地学习做好准备。但需要注意的是，午休时间不宜过长，因为科学研究表明，下午人的精神又会振奋起来，故而下午更适合人进行长效记忆，所以这段时间可以安排一些需要"永久记忆"的知识；晚上的时间则可以适当进行交叉学习，再看看课外书什么的。

所以说高效的学习离不开对时间的合理规划。那么，在日常学习中，我们应该怎么规划自己的自学时间呢？

## （1）确立学习目标，制订学习计划

一个人做事之前需要树立一个目标，不然的话，即便日后花费再多的时间和精力，做的也都是无用之功。学习也不例外，在学习之前，我们应该设定一个具体而清晰的目标，这样才能让我们将精力凝聚在一处，提高效率。比如一个学生想将自己的语文成绩提高上去，但是整整一个学期都没制定具体的目标，而只是盲目地看书做题，就像无头苍蝇一样乱使劲儿，最终语文成绩也没有多大的起色。

在实际教学过程中，我也发现：班里成绩优秀的学生都有着明确的学习目标，大到学期目标，中到月度目标，小到每天的目标。而那些学习成绩排名比较靠后的学生则没有什么具体的目标，往往是盲目、被动地学习，浪费了大量时间和精力。

所以我经常告诫学生，要想提高对时间的利用效率，必须先给自己的

学习行为确定一个明确的目标，想一想自己要学什么，要学到什么程度。

福建省2012年理科状元曾楚元就很善于确立学习的目标。他说："我在初中的时候，语文成绩一直不是太突出。升入高中之后，为了不让语文成绩在高考的时候'拖后腿'，我便给自己设定了一个学习目标：高中三年，语文成绩必须要达到我别的学科的水平，并保持优秀。用高一一年力争将成绩提高15分，重点复习掌握字词句，打好基础；高二一年要下功夫提高作文水平，力争在作文上有较大的进步，好让整个语文成绩提高10分；高三统筹兼顾，力争再将语文成绩提高10分，努力将高考语文失分限制在25分以内。有了长期目标之后，我还制定了学期目标和短期目标，比如每个学期要阅读完一本名著、每天要背诵一段美文。这样，在长期目标和短期目标的约束下，我每天都能对自己要做什么事情做到心中有数，学习效率也就大大提高了。"

学习目标的确立能够让我们的学习行为更有理智，每时每刻都知道自己应该做什么，从而更高效地利用时间。

当然，在制定目标的时候，我们应该结合自己的实际情况，目标不能制定得太高，不然就脱离了自己的实际学习水平。难度太大的目标不仅会让我们举步维艰，还会让我们丧失学习的信心。

（2）时间规划要坚持"要事第一"原则

我们在进行时间规划的时候，应该将重要的事情放在第一位，并分配好充足的时间，力争最大的学习效益。这就好比买苹果，首选那个又大又红的，然后再考虑买不买其他的。

我经常告诫班里的学生，学习效率是高还是低，主要还是在于把握好时间与学习对象之间的平衡。我们的学习时间很宝贵，所以首先要把它花在重要的科目学习上。如果我们将大量的时间都花费在一些无关紧要的事情上，最后只能收效甚微。相反，如果我们将时间投入到重要的学科、重要的事情上，比如做一份数学试卷，那么我们所投入的时间就会非常有意义。

2012年河南高考理科状元陈威说："结果的确很重要，但是中学不能只有最后的一个分数，享受过程才是首选。"陈威说，学习是一个技术活，没有时间规划蛮干的话，便无福享受这一过程。

谈到学习方法和习惯，陈威的做法就是坚持"要事第一"。陈威在学习中总是习惯先做要事，比如在规划一天的学习时间分配时，他会先把这一天的学习任务写下来，然后分析一下哪些任务最重要、最紧迫、最需要第一时间完成，哪些任务则可以适当延后完成。这样一来，弄清楚了主次，他在学习的时候便知道应先学哪门学科的哪个知识点、哪门学科中的知识点可以以后再复习，等等，避免了被一些无关紧要的事情分散注意力、浪费时间。

可见，那些优秀学生之所以学习效率高，很大一部分原因在于他们能够针对学习任务进行合理的时间规划，坚持"要事第一"的学习习惯。

## （3）时间规划要契合人体生物钟

我们在规划学习时间时，要找出自己的最佳学习时间段，将最重要的任务尽量安排在这个时间段内完成，这样就能最大限度地提高学习效率。要知道每个人都有一个最佳学习时间段，在这段时间内，个人大脑接受信息、整理信息、储存信息以及输出信息的效率都大大高于其他时间。如果我们能够充分利用好这段时间，那么我们在学习上将会有更大的进步。

科学家研究发现，在一天中，人有四个最佳用脑时间：清晨起床之后，上午8：00—10：00，下午18：00—20：00，入睡前的一小时。我们

可以结合自己的学习习惯和实际情况，合理利用这四个时间段，尽量将学习任务安排在其中。

(4) 留出休息时间

时间规划中除了有学习时间外，还要有休息的时间。对中学生而言，一味地学习而不休息只会让大脑更加疲劳，学习效率反而提高不上去。

其实这就是劳逸结合的学习问题。当我们在学习过程中有了疲劳感，出现了抬不起眼皮、思维迟钝、精力不集中等现象时，我们就有必要停止学习，适当休息一下，听听舒缓的音乐，做一些文体活动，这样才能保证头脑的清醒和思路的清晰。

## 养成几种管理时间的习惯

中学时代看似漫长，实则短暂。我们只有抓住一切可以利用的时间，高效地学习科学知识，才能在最后的高考冲刺中跑在前面。要做到这一点，离不开科学的时间管理习惯。

但遗憾的是，很多中学生都没有养成管理时间的好习惯，觉得时间无穷无尽，想学习时自然就会有大把的时间。有些同学甚至还将时间当成了负担和麻烦。

还有一些学生在对学习时间的理解上走进了这样一种误区，觉得学习时间越长，学习效果就越好。其实不然。我们固然提倡充分利用时间，但这并不意味着学习的时间越长，学到的知识就越多，学习效率就越高。因为我们学习成绩的提高靠的不是时间的堆积，而是好的学习习惯和方法。

## 第四章 时间管理习惯：每天多出一小时，成绩就像坐"火箭"

2008年广州高考状元张阳就非常善于管理时间。中学时，为了提高自己的语文学习成绩，他决定在语文阅读上下功夫。每天放学之后，他都会抽出一小时的时间来阅读名家名篇，或者做一些阅读训练题。

在这段时间里，张阳会要求自己找出所读文章的精辟语句，总结整篇文章的中心思想以及作者的写作风格等。就这样坚持了三年时间，张阳的阅读能力有了质的提高，语文成绩也有了很大的突破。

由此可见，要养成科学管理时间的好习惯，关键在于清楚地知道自己一天中的每段时间该做什么、学什么，该使用怎样的学习方法，这样我们才会在每一分钟中都有新的收获。

那么，我们在具体的学习中要养成什么样的管理时间的习惯呢？我们不妨从下面的四点做起。

### （1）列出任务清单

成年人在工作中往往会有这样的习惯：将自己接下来一天中或者一个星期里要做的任务都列在效率手册中，并且为每一项任务都规定了截止日期。按照这个做起事情来自然会全身心投入、争分夺秒而为，工作效率大大提高。相反，如果这些任务只是被扔在大脑中的某个角落，没有设定什么最后完成期限的话，那么做起工作来就会很散漫，常常做着这件事情时又想起落下了另一件事，拖拖拉拉，一点儿工作效率也没有，将大把大把的时间都浪费在了查漏补缺中。

也就是说，任务感会让人专注于做事，从某种意义上来说，它也"增加"了人们所能利用的时间，变相地让人在24小时之外又"多"出了一个小时甚至是几个小时。将要做的事情条理清晰地罗列出来，并将其上升到"任务"层次，一来会让人在做事时心里有"轻重"感，知道什么事情需要轻轻一瞥、什么事情需要浓墨重彩；二来会激发人的责任感，增强自控能力。这样一来，人们做事也必将全神贯注、争分夺秒。如果把各种

事务都搅在一起，觉得先做什么后做什么没有差别，做得好和做不好也没多大关系，那么人在做事的时候就会松懈下来，导致效率低下，浪费时间。

列任务清单的目的是要让自己了解一下某天或者某几天需要做什么，做起事情来自己心中能有个大致的顺序，这样有利于集中注意力、提高做事的效率。学习上也是如此，清单上的每一个任务都要标明完成的时间，好让我们有一种紧迫感。当然，截止时间具体如何制定，我们要充分考虑到学习任务的难度和自身的实际能力，切忌主观臆断。

### （2）做事要有条理

学习中，有的学生经常抱怨自己学习起来没什么规律，做事一点条理也没有，以至于浪费了大量的学习时间。其实这种现象在学生身上是普遍存在的，不少学生从来不关心自己的时间怎么分配才最高效，不去整理自己的学习和生活用品，上学忘记带课本、放学忘记带作业，丢三落四不说，还特没时间感。这种不讲条理、不讲秩序的坏习惯严重干扰了他们学习和做事的条理，造成了时间上的极大浪费。

所以在日常学习中，我们必须要学会培养自己的条理性，学会针对具体的学习任务制订计划，将大目标逐层分解为小目标，再将其融入每天的具体时间段中。这样，我们学习起来才能逐渐积累，实现由量到质的变化。

### （3）集中大块时间解决主要问题

战争中，军队通常会集中优势兵力打一个漂亮的"歼灭战"，同理，学习中我们也可以利用大块的时间去解决主要的知识点，啃一下平时啃不动的"硬骨头"。在攻克一些疑难问题后，我们内心就会生出成就感，随之迸发出更大的学习热情。

也就是说，在学习的时候，我们最好利用整块的时间去集中解决重要的事情，一气呵成，这样学习效率才会更高。如果时间零碎，学学停停，必然会对学习效率产生不利的影响。

### （4）学会规整利用零散时间

学习中，除了要善于利用整块的时间，我们还要善于规整零碎时间。学习中时不时会有一些小问题需要我们去解决，如果我们为了解决这些小问题而专门将大块的学习时间分割殆尽，显然会影响到学习效率。

我的一位学生就很善于利用零碎时间去解决学习中的小问题。他会将需要解决的这些小问题详细地列出来，待有了闲散时间，便有针对性地将这些问题解决掉。

我觉得这个学生的方法很值得借鉴，将零散时间和琐碎的事情一一搭配，这样一来点滴时间也有了具体的用途，做事效率自然也就提高了。当然，我们也可以腾出一整块时间集中"歼灭"小问题，这样收效也不错，同学们可视自身的学习情况灵活安排。

## 要习惯在自习课、周末、寒暑假中"开动"起来

对我们而言，高考之前的每一分、每一秒都是重要的，抓住了时间，就等于在同别人赛跑的比赛中找到了捷径，抓住了进入大学的"门票"。

2005年湖南文科状元向小玲就非常重视周末时间。她在谈到自己的高考经验时说："我一直把学习当成最大乐趣，觉得周末的时间完全能够自由支配，学习效率是平时的两倍。这样的话，我每年的生命便延长到了

469天。而那些不善于利用时间的同学呢,周末两天什么也不学,周一还要重新熟悉知识,这样一来一年就只有261天的时间可以利用。"

由此可见,把握好平时的自学时间,对我们来说是非常重要的。但遗憾的是,很多学生还做不到这一点,不仅周末的时间不能很好地利用起来,就连自习课的时间也视若无睹,没有什么明确的学习安排,没有充分意识到自学时间的价值和意义。

比如一些学生经常在自习课上伏案大睡,或者和别的同学窃窃私语,将宝贵的时间都浪费掉了。而另外一些同学,虽然能安心学习,但是缺少必要的目标和计划,通常不分主次,这儿翻翻那儿瞧瞧,一节自习课下来什么也没学到。

中学时代,谁拥有更多的时间,谁就可能拥有更多的学习技巧和方法,拥有更多的知识,从而在最终的高考中胜出。那么在日常学习中,我们应该怎么做,才能最大限度地扩充我们的"时间宝库"呢?

### (1)最大限度地利用好自习课

对中学生来说,自习课意义重大——我们若利用得好,就能大大提高学习成绩;若利用得不好,则会浪费大量的时间。在我看来,优秀学生和普通学生之间最大的区别之一就在于对自学时间的利用率不同,优秀学生大都善于利用自学时间,以提高自己的学习成绩。

2006年山东高考状元李明在谈到自己的学习经验时说:"每一节自习课尽管只有45分钟的时间,但如果把握好的话,也可以让我们在学习上做到事半功倍。在自习课上,我一般会将一天中所学到的知识复习一遍,将知识彻底巩固下来。我觉得这是自习课最大的功用之一,它给我提供了充足的复习时间,让我能够及时地梳理所学,巩固知识。

"另外,自习课上我会将错题本拿出来,思考这一天攒下来的疑问,力求把它们全部弄明白。通常我会首先自己思索，如果自己想不明白，就去找老师问明白，然后将每个疑问的答案写在错题本的问题下面，作为日后的复习材料。

"当然，自习课也可以用来预习功课。通常，我会在每天最后一节自习课上预习一下第二天将要学习的知识，为第二天的学习做预热，这样一来再学习新知识时就很容易掌握了。"

由此可见，优秀的学生之所以优秀，就在于他们能够最大限度地利用好自习课，懂得利用自习课时间不断地查漏补缺，不断地学习新的知识。

### （2）利用好周末时间

紧张的课业生活，使得周末时间变得格外珍贵。很多学生都想当然地认为周末就是玩耍的时间，然而在那些优秀学生眼中，周末却是提高自己成绩的最佳"捷径"。

其实优等生与普通生相比，并不是说就有多聪明，而是他们更善于利用时间学习。我们不妨计算一下：如果优等生每个周末都比普通生多学习8个小时，那么高中三年下来他会多学习多久呢？在这些时间内又会掌握多少知识呢？所以，作为一个学生，我们有必要在周末适度放松自己的同时，坚持学习。

一般来说，双休日两天，总共安排的学习时间以8~10小时为宜。其他时间则可以根据自身的条件和环境自由安排，比如可以去公园散散步，去野外放风筝，打打篮球，踢踢足球，过一个融知识性、趣味性和科学性于一体的双休日。

### （3）为自己制定一个寒暑假作息时间表

假期怎么过才能让自己快乐地生活、高效地学习？如何把握好属于自己的假期时间？相信这是很多中学生迫切想知道的答案。很多学生在

假期的生活没有规律，使得原本可以多姿多彩的假期时间变得苍白无趣。改变这种假期生活的方法其实很简单，那就是为自己制定一份作息时间表。

我们可以将平时上课的作息时间表作为参照，制定一份假期时间表，对自己每天的假期生活做出具体而合理的安排，比如什么时间起床，几点外出锻炼身体，什么时间做作业、自由活动、绘画、阅读、练毛笔字、做家务以及午餐、午睡、看电视等，都要规定清楚，每天坚持，最终养成好习惯。

## ▶ 要习惯将零碎时间利用起来

时间对我们每个人来说都是公平的，每人每天都拥有24小时。很多学生都意识到了时间的重要性，非常珍惜整块的时间。但遗憾的是，他们往往轻视那些零碎的时间，比如课间时间、等公共汽车的时间、睡前的时间，等等。这些零碎时间虽然看起来无关紧要，但如果我们能将其积攒起来善加利用，那么效果就会不一样了。

优秀的学生不仅是利用整块时间的高手，也是善于利用零碎时间的行家。他们会利用这些时间背诵英语单词、语文词句和数理化公式……

2014年内蒙古高考文科状元张培钰就非常善于利用零散时间来进行学习。比如吃早饭的时候，她会顺带着听一听英语广播；午睡前也会做几道阅读题；晚上临睡前则会再回顾一下当天的学习内容。这样一来，张培钰的学习时间就很充裕了。一直到高考之前，张培钰都在坚持着这个好习惯，将零散时间统统利用了起来。

由此可见，优秀的学生都是利用零碎时间的高手。正所谓集腋成裘，当我们紧紧抓住这些零碎时间时，相对于别人我们也就有了更多的时间宝藏，学到了更多的知识。

那么在日常的生活和学习中，应该怎样利用好身边的零碎时间呢？

### （1）每天早晨起床后背诵一篇课文

大家都知道，人的记忆能力是可以培养的，如果我们能够利用好早晨起床后的这段时间，那么在日常生活和学习中，我们就很容易提高自身的记忆力，变身为"记忆超人"，在学习上取得更好的成绩。

对我们来说，早上的这段黄金记忆时间难能可贵，大脑在经过一夜的"休整"之后会变得清醒灵活。只要我们抓住了这段时间，将看似零散的时间积攒在一起，将背诵的重点时段转移到早晨这段时间，用最清醒的头脑来应对所要背诵的内容，效果自然会不错。

### （2）将等待的时间变成学习的"黄金时间"

等待是我们在生活中经常会遇到的事情，和朋友约会需要等待，排队买票需要等待，坐公共汽车需要等待……这些看似零散无用的时间充斥于我们的生活间隙，却往往被大家忽视掉了。成年人浪费在等待上的时间很多，学生浪费在等待上的时间也很多，如果我们意识到这部分时间的宝贵之处，学会利用这段时间学习，那么我们就可以掌握更多的时间资源。

很多学生总是嚷嚷自己的时间不够用，以至于背不住课文、记不住数学公式和外语单词。其实时间无处不在，只要我们善于发掘，就会拥有很多的时间资源，就能利用好等待的每一分钟，做自己想做的事情。

比如我们可以随身携带一本书，在排队等车的时候拿出来看一看，或者背课文、背几个单词，这样就将等待的时间抓住了。一天天坚持下来，你将积累起一笔非常可观的时间财富。

再比如在公共汽车上,我们可以拿出事先准备好的小卡片,背一背上面的英语单词。需要注意的是,由于行进中的公共汽车比较颠簸,所以卡片上的英语单词最好写得比较大,不然看起来会对眼睛造成伤害;同样的道理,卡片上的单词释义应尽量避免写得密密麻麻,不妨多做一些卡片,每张卡片上写三四个单词即可。

### (3)饭前饭后背诵一段课文

饭前饭后的这段时间如果利用得好,我们在学习上也能有所收获。我们还可以利用这段时间背诵一段课文,或者熟悉一些数理化公式,抑或念叨几个英语单词,时间一长,自然会有很好的收获。

数学家苏步青说:"我的时间有限,没有'整匹布',我挤时间的办法是充分利用'零布头',将1分钟、2分钟的时间都利用起来,这样的话'零布头'也能派上大用处。"正所谓"不积跬步,无以至千里",一些零散的时间看似无关紧要,但如果一天天积累下来,就能做成很多事情,让学习更加自如,让生活更加从容。很多时候,我们因为年龄小,不善于分析总结,总是在无意间忽视这些零散时间,在毫无意义的等待和发呆中浪费了宝贵的时间。

### (4)马桶上的美好阅读时光

现今社会,电子产品无处不在,处处都可见"低头族",他们走路低头玩手机,吃饭低头玩手机,坐在马桶上也在低头摆弄手机……成人如此,学生的世界自然也不可避免地受到了影响,在很多学生身上,一个最突出的现象就是他们爱坐在卫生间的马桶上玩手机,有的学生甚至一坐就是一两个小时,把时间都浪费在手机游戏上了。

也许对这些学生来说,马桶上的时间属于零碎时间,玩一下手机并没有什么关系,但是这些学生却很少意识到:每天的时间是有限的,一天24小时,谁能尽可能多地利用时间,谁就更容易成功。对中学生来说,他们学习和生活中的零碎时间更多，如果能将这些时间高效地利用起来，增加自己的知识储备量，那么将为日后的学习打下良好的基础。

众所周知，书是知识的阶梯，对于平时课业生活已经很紧张的我们而言，抽时间阅读那些经典佳作，能够丰富知识我们的储备量，对语文学习特别是作文写作有着直接的推动作用。卫生间的方寸之地，也可以营造出一种"马桶文化"，坐在马桶上的时候，何不用书籍代替你手中的手机试试，感受一下这种文化？

### （5）利用好课间十分钟

也许在很多中学生的意识中，课间十分钟意味着尽情的玩耍。在他们看来，一堂紧张的课听下来，好好地玩一下是很有必要的。诚然，课间放松一下身心的确是有必要的，但课间十分钟的玩，也要有一个度。

心理学上有一种"倒摄抑制"理论，说的是后来过于强烈的记忆会对之前的记忆产生抑制作用。也就是说，如果我们下课后疯玩疯闹，会使我们在上一堂课所学到的知识"烟消云散"。那些比较贪玩的学生，下课时跑来跑去，刚刚学到的知识很容易就这样被"稀释"掉了。

所以，下课后先别急着玩，不妨快速复习一下上一堂课学到的知识，等到快上课的时候，再预习一下下节课将要学到的内容。这样既能学好，又能玩好。更重要的是我们充分利用了这段时间，成功地增加了我们的"时间储备量"。

### （6）睡前半小时回顾一下当天所学的内容

在我们的零散时间中，睡前这段时间占有很大比重。如果我们能够利用好这段时间，在这段时间内简要复习一下白天学过的内容，就可以有效地加深记忆，提高学习成绩。

# 第五章 预习复习习惯：懂得如何预习和复习，养成自主学习的好习惯

优秀的学生，几乎每个人都有着良好的预习和复习习惯。从某种意义上来说，这种习惯已经成了他们学生生活的一部分，从来不需要别人的督促，他们也能自然而然地将之融入学习进程中去。

## ▶ 要养成学期前预习的习惯

有些用心的学生为了让自己的知识能够串联成串，会进行学期前的预习。他们在预习的时候习惯先从宏观入手，注重课本知识的系统性，探究新旧知识间的联系，对课本的脉络了然于胸。这种预习习惯对学生而言是非常重要的，它能保证学生对将要学习的知识有一个全面的了解，做到心中有数。

当一个学生做完学期前预习，再拿起课本时，他就会知道整本书的大致内容是什么、每章要讲述什么、每节的知识点是什么。也许这个学生对于细节的掌握还不很精细，对每章知识的重点掌握得还不太清晰，还无法利用每节具体的方法去解决问题，但是，通过学期前的复习，最起码这个学生做到了"一览众山小"，对整个课本的知识脉络有了一个清晰的了解，这会使他在以后的具体学习中更加从容自如。

清华大学学生张诗卉中学时期就有学期前预习的习惯，每个学期开始后，她都是听得最轻松的一个，对每节课上老师所讲的内容都能做到当堂掌握，从来不占用课下的时间。之所以能够做到这一点，是因为她已经通过学期前的预习对课本内容的脉络有了全面的了解，什么地方需要重点听、什么地方可以大致听听，她都心中有数。这样一来，她的听课效率就非常高，学习成绩也一直在年级名列前茅。

周围的同学看到她学得如此轻松，成绩却这么出色，都很羡慕她，向她请教学习的秘诀。张诗卉坦言："我在新学期之所以学得比较轻松，主要是因为在假期时就提前预习了。我提前借来了下学期要学习的各学科课本，对每个学科要学习的内容都做了大体的了解，预习之后对其中的重点和难点也有所把握。这样一来，新学期开始后，在课堂上我便能够保证自己的思维始终跟得上老师的思维。很多同学上课做不到这一点，下课的时候还需要花费大量的时间和精力去学，而我在上课的时候就已经把该解决的问题解决掉了。因为有了学期前复习这一学习习惯，我对整个学期的学习脉络有一个清晰的认知，整个学期的学习都不会太累；再加上平时我还会做一些其他方面的详细预习，所以学习新知识对我来说是一件轻松的事情。"

由此可见，学期前的预习能够让我们提前掌握所要学习的知识大纲，使我们在学习课堂新知识前把握住大局，这样我们学习起来便轻松了许多。

学期前预习的好处是显而易见的，它不仅激发了我们的学习兴趣，还帮助我们提高了听课的效率，减轻了课堂上学习新知识的负担。既然学期前预习的习惯能够给我们带来如此多的好处，那么我们该如何进行高效的学期前预习呢？

（1）从寒暑假就开始预习

对学生来说，寒暑假并不仅仅是休整和玩耍的时间，也是一个难得的进行整理和准备的时间。用心的学生会抓住这段时间总结自己在上学期所学的知识，预习下学期将要学习的知识——如果抓不住寒暑假，等到新学期开始后，各种学习任务纷至沓来，到时候我们再想宏观地预习就很难了。

我的一个学生小张，就有着学期前预习的好习惯。每个寒暑假，他都会借来下学期的书籍，提前预习，把握各门学科的总体知识结构。在这个预习过程中，小张并不会刻意去掌握每一个知识点、每一种学习方法，而

是去了解这本书究竟讲解了哪些内容、学习者需要学习哪些知识和方法、重点和难点在什么地方，等等。

每个寒假或者暑假，小张都会抽出一半的时间来预习下学期所要学习的知识。这样一来，新学期开始的时候，他对于课堂的重点和难点在什么地方、什么时候需要注意听讲等都了然于胸，学习成绩也始终排在年级前列。

所以在寒暑假伊始，有必要准备好下学期的课本，提前看一看下学期我们要学习的知识。这样我们不仅时间上能变得轻松一些，在心态上也会越来越成熟自信。

### （2）提前准备好下学期课本

也许有些同学对学期前预习还有些困惑：下学期的课本都还没发下来，寒暑假要怎么预习呢？其实这点并不难解决，一个最好的办法就是向比自己高一年级的学长学姐们借课本，这样不但能解决课本的有无问题，而且因为学长学姐用过的课本中通常会有他们听课时的注释或者笔记，可以起到解惑的作用，能让我们预习得更加顺畅。当然，如果实在借不到，也可以选择购买。

### （3）快速进入学习状态

很多同学到了寒暑假，都倾向于放松和休息，觉得平时学习任务紧，难得放假，假期里应该好好地玩一玩。有这种心态的学生即使坐到书桌前也不会将全部的心思都放在学习上，心浮气躁的状态下看书，效率自然会很低下。

所以在进行学期前预习的时候，要提前"放空"内心，快速进入角色。只有让心静下来，才会让自己彻底进入预习状态，让知识没有丝毫阻碍地进入我们的头脑。

（4）做读书笔记

学期前的预习并不是走马观花翻一遍课本就行了，这种流于形式的预习不会有多少效果。我们进行学期前预习的对象是一本新书，内容新，知识点多，如果只是翻着看，不做什么笔记，就会出现知识混乱的状况，使预习没有丝毫头绪可言。

学期前预习笔记的重点不在于详细的知识点，而在于各个章节间的联系，在于将整本书的脉络整理出来，形成一张知识的"大网"。当然，在做笔记的时候如果能够参考相应的教辅书籍，那么效果将会更好。

## ▶ 章节预习也要重视起来

所谓的章节预习，是指提前学习一章或者一个单元的知识内容，初步弄明白这部分的知识结构，掌握重点和难点所在。有这种预习习惯的学生能更好地从宏观系统的角度掌握知识，将接下来一段时间自己所要学习的知识串联在一起。

相对于学期前预习来说，章节预习的目标更加明确，在预习相关知识时不像学期前预习那样涉及整本书的内容。章节预习能让我们既不失知识的连贯性，又不至于陷入细枝末节中。

日常学习中，经常有学生经历这样的场景：当老师提出一个问题，班里总会有几个学生在第一时间举起手来，和老师积极互动；当老师讲到难点，也总是那几个学生能一针见血地说出问题的关键所在；当老师讲到一些重点知识时，还是那几个学生能够抓住时机，进行重点听课，记录老师的讲解……大家同样是听一位老师的课，为什么只有那几个学生能做到随着老师讲课的节拍"起舞"，能够和老师产生"火花"呢？

2011年福建文科状元杨帆在谈到自己的学习秘诀时说:"刚上中学的时候,我的学习成绩并不是很突出,名次只是排在全年级的中上水平。高考的时候之所以能够考好,一个很重要的原因就是我能够提前预习。我在预习的时候习惯按照章节和知识版块进行,在老师开讲每一章、每一单元时,我已经基本上能做到了然于心。比如在学习政治课的唯物主义哲学理论时,我便会按照唯物论、辩证法、认识论三部分进行预习,一个章节一个章节地做笔记。"

杨帆从高一开始便养成了章节预习的习惯,在预习的时候按照章节之间的联系和知识版块来进行。每个周末,她都会对每个学科的课程预习做一个预习计划,对下一周将要学习的章节进行预习。杨帆在预习的时候并不会抠得太细,她只是大略看一看新的知识点,找出其中的重点和难点就行了。这样一来,在学习每个单元的知识前,杨帆心中已经有一个清晰的知识网络。就像洗衣服,洗之前先把衣服放在水里面泡一泡,让衣服软化柔顺,这样洗起来就方便多了。

正所谓"凡事预则立,不预则废",学习也是一样的道理。在开始学习新的章节知识前,我们需要提前对整个章节的知识进行了解,这样才能将学习的主动权牢牢地抓在自己的手中。

既然章节预习有着如此重要的作用,那么我们在学习过程中该怎么培养自己的这一学习习惯呢?

### (1) 养成周末预习的习惯

学期前预习有寒暑假大量的时间作为保证,而章节预习相对来说时间上比较紧张。有些学生习惯在课间进行章节预习,但是由于章节预习涉及的内容比较多,所以即使将课间的全部时间都挤出来也还是不太充裕,而且还会因此而影响课外活动,大脑得不到休息,继而影响到学习的效率。

在我看来，最好的方法是将章节预习安排在周末，养成周末进行章节预习的学习习惯。周末我们可以查看一下下周的课程安排，按照大体的进度来安排预习的范围，只要老师有讲述下一单元知识的可能性，我们就有必要提前预习下一单元的内容。这样一来我们便掌握了学习的主动性，不管老师如何安排进度，我们都能从容面对。

### （2）要将重点放在理清层次上

章节或者单元预习并不是为了弄清楚每个知识点、每一处细节，它的重点在于让我们探究各章节小节之间的联系以及每个知识版块衔接的要素。我们在预习的时候，可以先看看每个单元的大小标题，分析一下它们之间的关系，将知识的层次感理出来。这样一来，我们在听老师讲课的时候自然就会轻松很多。

一名北京大学学子在谈到自己中学时的预习经验时说："我的预习经验是：预习之后能够对知识的体系层次有一个大体的了解，对知识的应用方法也有一个最初的体验，能够做一些相对简单的题目。这样的话就意味着章节预习达到了最好的效果，它使我在课堂上的听讲变得更加高效。"

### （3）将知识串联成网，消化理解重点知识

当我们理清章节知识的层次后，要进一步找出每个小节之间的交叉点，更要仔细体会贯穿于章节始终的线索是什么、各个知识点之间是不是存在着衔接点。这就需要我们在预习的时候抓住章节的知识重点，找到串联的节点所在。只要我们在预习的时候将这些问题弄明白，那么一章预习下来后，我们也就能成功地将知识串联成网络了。

（4）标出疑问所在

相对于学期前预习，章节预习的内容大大减少，接触到的基础知识比较多。所以在章节预习中遇到有疑问的地方不妨作下标记，批注一下疑问点，这样我们在听老师讲课的时候便会有针对性地去倾听，学习效率自然也就变高了。

我们可以通过试做课后习题的方式来检查我们的预习效果，找出不足或者不懂的地方，然后回头进行标注，好提醒自己在听课的时候对这方面加以关注。当然课后的练习题对我们巩固预习效果也有一定的帮助，我们可以适当地将之写入预习笔记，作为预习的最后小结。

## 千万不要忘记课前预习

课前预习是指在一节新课程开始之前的知识准备。也许有些学生会觉得很困惑，想不明白：既然我已经进行了学期前预习和章节预习，为什么还要进行课前预习？其实这个道理很好理解，学期前预习和章节预习的着眼点都是知识的宏观结构和网络，而课前预习的目标则是接下来要学习的具体知识点，是一种细致、深入的预习过程。

要知道学习的各个环节间是环环相扣的，学生上课时的效率决定着他们课后完成作业的效率和成绩好坏，而学生课前的预习效果则直接决定了他们上课的效率。

但遗憾的是，中学生对课前预习重要性的认知还存在着不足。在日常教学中，我经常会听到学生这样的抱怨："老师，平时作业都写不完，哪还有时间在上课前预习呢？""要是我自己提前预习了，那还听老师讲课做什么？"而那些学习成绩优秀的学生则不会有这样的抱怨，他们通常都

## 第五章 预习复习习惯：懂得如何预习和复习，养成自主学习的好习惯

已经养成了课前预习的良好习惯。

记得读书时，课前预习是我最重要的学习习惯之一，我通常每天晚上都会将第二天所要学习的各门功课内容预习一遍。在这个过程中，我会仔细地将各小节内容看一遍，每个细节都不放过，比如插图和脚注、公式、定理的适用范围，等等。

2013年重庆文科状元张毅在谈到自己的预习经验时说："在我看来，课前预习是为接下来的新课程做准备的，因为这些知识毕竟老师还没有讲，在预习的过程中遇到疑难问题在所难免。通常，产生疑惑的时候我会先独立思考，力求自己解决掉问题。如果遇到的问题百思不得其解，我会用铅笔在课本上标注出来，这样第二天听课的时候我就能够有针对性地仔细听老师对这个知识点是怎么进行讲解的。当然，我也有心急的时候，第二天会在课前和同学讨论一下，很多时候问题也能在讨论中被解决掉。

"我在课前预习的时候会结合自己的学习状况，有针对性地对各门学科进行预习。一些文科类学科，比如历史、政治，我预习的时间会相对短一些；而我投入英语的时间会比较多，通常会从看、读单词表开始，然后再仔细听配套的磁带。这样的预习虽然不会使我立即将所有的生词和语法都统统掌握下来，却能加深我对英语课文的熟悉程度，对提高我的上课效率有很大的帮助。

"课前预习的学习习惯使我在学习过程中越来越得心应手。有几次，因为没有时间预习，听课的时候我就觉得脑中空空，学起来有些吃力。所以我在整个中学始终保持着课前预习的学习习惯，即使时间再紧张，我也不曾中断。"

由此可见，即便时间再紧张，也要进行课前预习，因为这直接关系到我们听课的效率。

那么，在日常学习中，我们应该如何开展课前预习呢？

（1）每天作业做完之后进行课前预习

在中学时代，我们应该养成良好的课前预习习惯，在每天晚上完成各门学科的家庭作业之后，预习第二天将要学习的课本知识。这样安排不仅时间充沛，而且晚上人的学习状态比较好，能够保障我们的预习效率。

当然，我们也可以将一天的零碎时间利用起来进行课前预习。比如每天的大课间，上完操之后时间比较富裕。还有很多自习课，我们都可以利用起来进行课前预习。

有些学生习惯利用每节课课前的几分钟进行预习，这个时间段其实并不是最好的课前预习时间，因为课间时间比较短，在保证休息的同时还要保证预习效果，时间上肯定会很紧张，致使预习走马观花，达不到最佳的效果。

（2）细读小节的每一处

课前预习要求我们细读精读，小节中的每一处内容都要读到，包括插图以及插图下面的注释小字也要读上一遍，不能漏过一处。也就是说，课前预习的第一要点就是坚持一个"细"字，不管是大字小字、图注脚注，都要仔细地读一遍。

（3）追根究底，探寻真相

在进行课前预习的过程中，我们需要坚持的另一个原则就是"精"。很多时候，我们在看书时也许会生出这样的感觉：这个知识点我很熟悉，但是我讲不明白；这个字看起来很眼熟，但是具体怎么念我不清楚……诸如此类的情况，需要我们利用一切可以利用的资料或者工具书核查和钻研，直到将其弄清楚为止。

另外在预习的时候，我们必须要明确预习的目标，要找出各小节的重点和难点所在，精钻细研，这样才能让预习达到最好的效果。如果我们连预习的目标是什么都不知道，盲目地看书，连重点和难点是什么都不知道，那么我们又怎么可能使课前预习的效果最大化呢？

（4）汇总疑问

我们在预习时，应该将遇到的问题记录在预习笔记上，或者标注在课本上，并且对不懂的地方进行汇总、记录，这样在老师讲课的时候，我们才知道哪里是我们学习的薄弱点、哪里需要我们更加专注地听讲。这样做，无疑能够大大提高我们的听课效率。

## 养成及时系统复习的学习习惯

学完了一堂新课后，我们需要抽出时间来及时复习，这样才能及时地巩固课堂所学。要想让自己的记忆力变得更加出色、成绩变得更加优异，我们就必须抓紧时间及时复习。

在我看来，一些学生之所以记不住知识、考不出好成绩，最根本的一个原因还是在于他们没有意识到及时复习的重要性。这类学生在学习完新知识后就将课本和笔记一扔，不再理会了，一直等到快要考试的时候，他们才会着急起来，临时"抱佛脚"。但是因为很多知识间隔时间过长，头脑中的印象已经所剩无几，这样再复习的话等于重新又学习了一遍，学习效率自然大打折扣。

观察德国心理学家艾宾浩斯的遗忘曲线，我们不难发现人类有这样的遗忘规律——先快后慢。具体而言，我们刚刚学习了新的知识后，如果不及时进行复习的话，那么在几天的时间内我们就会将所学知识遗忘大半；而如果我们能够抽出一定时间及时进行复习，我们就不会那么健忘了。当

然，也不是间隔的时间越短，复习的效果就越显著。有科学研究发现，最佳的复习时间间隔为10小时，也就是说，我们在学习新知识10小时后进行复习，效果最佳。

当然，日常生活中我们不可能做到这么精准。其实在我看来，只要能做到"当日事，当日毕"，学到的知识尽量当天复习，那么不管间隔的是9小时还是10小时，复习的效果都会很不错。

一位顺利考入北京大学的学生在谈及复习这一学习习惯时说："中学时代，我总是这样要求自己：上午学习的知识一定要下午复习，下午学习的知识则要晚上复习，如果当天时间紧来不及复习，那么第二天一定要抽出时间来复习，绝对不让学习和复习的间隔超出24小时。而且我还渐渐摸索出一个复习的小窍门，那就是每天晚上睡觉前闭上眼睛静思半小时，将这一天所学的新知识像放电影般在眼前过一遍。这其实也是一种复习，让我能够及时地巩固所学，增强记忆。

"另外，我还特别重视课后五分钟，每节课上完后，我都会拿出五分钟的时间回顾一下老师在课堂上讲的内容，回想一下老师的解题思路和方法，这让我保持了思维的连续性，巩固了所学知识。而且这样的复习还使我能够迅速地查漏补缺，找到当天自己所学知识的遗漏之处，从而全面深入地掌握所学知识。这一学习习惯使我在记忆上始终立于'不败'之地，大大提高了我的学习效率。"

由此可见，及时复习有利于我们查漏补缺，更有利于我们大大减轻大脑的学习负担，养成雷厉风行的学习习惯。既然及时复习有这样神奇的效果，那么在日常学习中，我们应该如何及时进行复习呢？

（1）一定要抓住"及时"二字

新知识学完之后，我们需要在24小时之内再复习一遍，这是时间上的保证，也是使复习能够收到最大效果的前提条件之一。也就是说，我们在复习的时候要遵循大脑的遗忘曲线，不管采用什么样的复习方式，都要尽量当天复习当天所学。

我的一个学生小李，人很勤奋，课前能预习，上课听讲也很专注，但成绩就是提不上来。这让他很困惑，觉得自己平时学习那么用功，将一切能利用起来的时间都利用了，为什么考试做题的时候还是那么迟钝呢？

他向我求助，我联想到他平日学习的种种表现，告诉他努力是一方面，良好的学习习惯也是提高成绩的一个重要保证。认真预习和听课是一方面，但是学习并不会到这里便结束，如果不能及时地复习，巩固所学知识，那么我们日后势必会渐渐遗忘这些知识，这样一来我们在考试的时候也就无法熟练地运用课堂所学了。

之后，小李开始有了复习的意识，能够在课后及时地将所学知识再复习一遍。一个学期下来，他的学习成绩提高了不少。

## （2）静思，回想

在一天紧张的学习生活结束后，我们有必要抽出一些时间让自己静下来，让当天所学的知识在自己头脑中像放电影一样"过"一遍。这种复习习惯能够很好地帮助我们消化当天所学，巩固既有知识，加深记忆。

我们可以在每节课结束后静思一下，也可以利用每天上床睡觉之前的这段时间回想一下。当然，这样做的时候也要注意把握好时间节点，不能在太疲惫的时候回想，也不要在困得睁不开眼睛的时候"放电影"，不然复习的效率会非常低。静思时，最好手边放着课本和课堂笔记，因为在这个过程中我们可能会遇到一些回想不起来的地方，需要时不时查阅一下课本和笔记，补充一下自己遗漏的知识点。发现疑难时，我们要及时加以解决；而如果百思不得其解，就需要向老师和同学求助了。

### （3）将所学知识复述一遍

这种方法不同于上面的"放电影"式复习，因为我们在复述时会发出声音，脑、口并用，将所学知识重复一遍。相对于静思，这种复习方式对我们自身的要求更高：复述不仅要求我们积极思考当日所学，还要求我们组织好语言，能清晰地表述出当日所学。当然，这种复习方式的效果也更好。

我们在复述的时候，可以自己说给自己听，也可以说给爸爸妈妈和同学听，让对方拿着课本作为"裁判"，帮助我们更好地回忆所学知识。

### （4）及时复习要和反复复习结合起来

学习中，及时复习一次所学知识，并不意味着从此以后就能让知识在我们的头脑中永远"扎根"了。及时复习所起到的作用仅仅是减缓知识在我们头脑中被遗忘的速度，如果此后我们不再复习，那么知识点还是会慢慢地在我们的头脑中淡化，甚至消失。

所以在学习生活中，我们在及时复习后，还要有目的地再反复进行复习，不断强化大脑中的知识信息，这样才能将知识转化为永恒的记忆，使其在我们的大脑中长久留下烙印。

## ▶复习要有计划

复习并不等同于盲目地看书，它是有目标的。学习成绩好的学生在复习时一般都会有自己的计划，比如这个月要复习什么，这周要记住哪些知识、今天要做哪些方面的习题，等等。这就如同我们在大海中航行，首先要有一个明确的航行计划和目标一样，如果什么也没有，那么我们便成了

## 第五章 预习复习习惯：懂得如何预习和复习，养成自主学习的好习惯

无头苍蝇，费力做无用之功。

复习计划的制订，一方面能够让我们避免盲目性，使复习目标变得更加容易实现；另一方面，有了详细的计划，我们在复习的时候就能按部就班，心中有底了，心态上、行动上也就从容了许多。

最为重要的一点是，有了自己的复习计划后，我们才可能变被动为主动，把握住复习进度，实现自己最初设定的目标。一个和我们自身学习状况相契合的复习计划，能够让我们在紧跟老师学习脚步的同时，结合自身的不足，有针对性地调整复习的方向和重点，更加全面细致地做好复习，最终达到最佳复习效果。

仔细分析一下那些成功者的秘诀，不难发现，他们大都有着制订复习计划的良好学习习惯。

2013年宁夏文科状元王伟就有制订复习计划的习惯。每一次复习开始前，他都必定会制订一个计划，将长期的复习目标和短期的复习日程结合在一起，力争让复习效果实现最大化。

他通常会在每天晚上确定第二天的复习计划，将需要复习的科目列在纸上，然后确定好具体的时间段，将所要复习的知识点和进度逐条列出。这样一来，王伟头脑中就对自己第二天的复习任务有了一个清晰的脉络，哪些地方需要重点复习、哪些地方需要特别留意，他都能做到心中有数，接下来只要按部就班地进行复习就可以了。

在王伟看来，提前制订好复习计划的好处是显而易见的。曾经有一段时间，王伟还没有养成制订复习计划的习惯。上课时每当他觉得老师讲得慢了，就会自己找些参考资料之类的书看，结果一节课下来，头脑中空空如也。为了摆脱这种被动，王伟才有了后来的制订复习计划的想法。而这种想法的实施，也成功让他在复习中变被动为主动，收获了巨大的成功。

既然复习计划在学习中有着如此重要的地位,那么我们该如何在学习中做好复习计划呢?虽然每个人在对学习的把握和进度上存在差异,每个人具体的复习计划也不尽相同,但是一份好的复习计划,往往有以下几个特点:

(1)复习计划的长短要适合个人的学习情况

我们在制订复习计划的时候,一定要结合自己的学习情况,不能一味求长,也不能一味求短。要知道,高效的复习计划可能是一个长期计划,也可能是一个短期计划,我们应该结合自己实际的学习情况,将长期计划和短期计划结合在一起,既从宏观上把握,又从微观上细研。

如果只是宏观上规划着这个学期学点儿什么,而不制订相应的短期计划,不知道每天需要复习什么地方,那么这个长期计划就显得过于空洞;而如果每天都只聚焦于复习哪个小节,却没有一个长期的复习计划统筹兼顾,那么短期复习就会盲目而琐碎。

复习计划的内容设定也要和个人学习水平相适应,难度不能太高。如果制订的复习计划短期内对我们的学习水平来说太难,那么不妨将其延伸为长期的复习计划,然后用短期复习计划"分割"目标,将长期目标"消化"在每天的短期复习中。这样一来,我们的复习也就变得更加轻松高效了。

(2)复习目标要明确,且时间跨度不能太长

复习计划当然离不开复习目标的制定,很多学生习惯于制订复习的月计划或者学期计划,将复习目标制定得比较"宏大"。但是目标越远大,实现的时间跨度就会越长,实际操作时就会因为目标过大而缺乏具体的方向感。

比如一个高二学生制定了这样的复习目标:"这个学期我要将高一学过的英语单词全部复习背诵一遍。"这个复习目标定得就太大了,也比较

难操作，因为时间跨度比较大，实施起来比较随意，缺少具体的步骤和约束。如果将之改为"这周我要把这50个单词再记忆一遍，每天记5个，周末总结"的话，实施起来就会更加轻松，也更加"接地气"了。

### （3）制订短期复习计划时，要明确具体的操作步骤

很多同学都能制订出短期的复习计划，但遗憾的是，这些计划大多无法被按时完成。为什么会出现这种情况呢？一个最重要的原因就是这些同学的复习计划中缺少实际践行的具体步骤，更缺少每天的复习时间表。

我的一个学生曾经制订了这么一个学习计划：利用一周的时间将上一单元学过的英语单词再背诵一遍。我告诉他这个复习计划虽好，但缺少实行的步骤，需要补充以下几点：一、每天背诵的时间段是从几点到几点，需要背诵多少单词；二、单词的用法和词法必须同步跟进，相应的课文和笔记也要具体再温习一遍；三、将习题再做一遍。有了这些具体步骤，再严格按照步骤施行，复习的效果才会好。

我们可以将时间写进复习计划中，比如每天早晨几点到几点背单词，几点到几点复习数学，几点看课外书等。时间安排要结合自己的生活和学习规律设定，不能太松，也不能太紧。

最重要的是，计划制订好后，我们一定要坚决"执行"下去。当一个阶段性目标实现后，不妨小小地奖励一下自己，以此增加继续"执行"计划的决心和信心。

## ➡ 提高复习的频率

复习一次并不会让知识在我们的头脑中永远"扎根",它只会减缓知识被遗忘的速度。如果我们不回头继续复习的话,随着时间的流逝,这些知识最终还是会从我们的头脑中流逝。所以在中学时代,我们需要提高复习频率,反复复习所学知识。

很多学生潜意识里有这样一种倾向,他们认为新知识学完后,只要复习一遍就万事大吉了。还有一部分同学喜欢在考试之前临时"抱佛脚",熬夜复习,以期能够"一口气吃成个胖子"。这类复习态度是不可取的,如果不懂得反复复习的道理,无论你有多么聪明,都不可能仅仅依靠一两次复习就取得好成绩。

要知道,考试考的是我们知识掌握的全面性和深度。我们不可能预知考试的内容,我们能做的,只能是通过一次次的复习,全面掌握所学知识,这样在考试的时候才能得心应手,考出最好的成绩。

当然,我们这里提到的反复复习并不是简单机械地重复,而是带着观点、目的和思考去复习。第一次复习过后,第二次我们再看同一个知识点的时候,就要深入思考,以期发现新的东西,这样的话便会学习得更加深入,对知识点的理解和把握也会更加透彻——这种复习实际上已经演变为一种创新性的学习。

另外,一而再再而三地复习,我们对知识掌握得越来越牢固,研究得越来越透彻,那么我们也就越来越有信心,学习的动力也会越来越充足,这无疑成了一种良性循环,使我们能够在考试中超长发挥,取得更加优异的成绩。

## 第五章 预习复习习惯：懂得如何预习和复习，养成自主学习的好习惯

纵观各省市历年高考状元，他们在复习过程中普遍都有反复复习的学习习惯，能够不断地提高复习的频率，在不断巩固所学知识的同时，发现别人没发现的新知识。

湖北省2013年高考状元李卓雅就有着自己的一套"循环复习法"。她觉得没有什么人能单靠一次复习就搞定所有所学知识，所以通过认真思考，她为自己制定了"循环复习法"。

李卓雅在上完一节课后通常会及时将新知识复习一遍，三四天之后还会回过头来再复习一遍。等到周末时间充足了，她也一定会静下心来，将所学的知识再仔细地复习一遍。

等到一章知识讲解完了，老师便开始讲下一单元的新知识。此时李卓雅会在学习新知识的同时，反复复习刚刚学习过的旧章节的知识，在一遍又一遍的复习过程中仔细体会新旧知识之间的关联，在"温故"的同时"知新"，让新旧知识交织在一起，相互促进。

这样的复习习惯不仅让李卓雅全面地掌握了知识，而且还节省了大量的学习时间，大大提高了她的学习效率。

由此可见，提高复习的频率对我们提高学习效率有着很大的帮助，更重要的是，反复复习会让我们的知识基础更加牢固，考试的时候更加得心应手。那么，我们在提高复习频率的时候，应该注意些什么问题呢？

### （1）适当运用"三遍复习法"

我的一个学生小谢，有着自己的一套反复复习方法。他每天晚上都会抽出时间来复习一下当天所学的新知识，这样既能加深记忆，又能在复习中查漏补缺，好让自己更深入地了解所学知识。到了周末，小谢会回头再将这一周所学的知识复习一遍，熟悉一下公式定理和语法词句。在这一轮复习中，对于那些已经熟悉的知识，小谢看一遍就行了，他重点复习的是

那些不太容易掌握和理解的知识点。

小谢的第三遍复习通常会在考试前一周进行。一方面他会紧跟老师的复习进度，另一方面他也会根据自己的学习情况，重点复习自己基础比较薄弱的学科，查漏补缺，争取在这一轮复习中将平时的遗漏补全。

我们在反复复习的时候，要注意复习的时间规律，不能想什么时候复习就什么时候复习，不然最终的复习效果定会大打折扣。我们要保证复习的周期性，这样才能强化记忆。杂乱无章的复习不仅无助于强化记忆，还会让记忆出现混乱，干扰我们的正常学习。

我们不妨采用"三遍复习法"——新知识学完后及时复习一遍，几天之后再复习一遍，到了周末再系统地复习一遍。当然，如果时间充裕的话，我们还可以进行第四遍、第五遍的复习。只有在有规律的反复复习中，我们才能彻底巩固所学知识。

（2）要有计划地反复复习

提高复习的频率，除了在时间上要保持规律性外，在内容上也要有计划性，不能想起什么科目就复习什么科目。我们反复复习的内容要保持一致，这样才能不断地强化所学，比如我们几天前预习了第三单元，那么在周末的时候要将第三单元再复习一遍，而不是直接改成复习第二单元。

当然，计划并不是一成不变的，当我们完成大体目标，不妨顺带着看一看别的地方还有没有需要自己再仔细复习的内容。如果觉得有必要，我们可以适时安排一下时间，进行相应的复习。

（3）反复复习中要着重关注重点和难点知识

在一次又一次的复习中，我们需要关注的是章节中的重点和难点，尽量避免简单机械的重复，不然只会浪费大量时间和精力做无用功。至于一般性的知识，我们只要大体看一遍就可以了，不需要投入太多的时间和精力。

我们要带着思考去复习，加深对重点知识的理解，力求轻松自如地掌握难点知识，并对整个章节知识框架有更加全面深入的了解。

## 要在复习过程中扬长补短

学生在学习过程中难免存在着个人的喜好——可能出于个人兴趣或者对某位老师的好感而比较喜欢某一门学科，也可能因为缺乏兴趣或者讨厌某位老师而厌倦某一门学科。总之，很难在中学各门学科的学习上做到绝对的平衡，让每门功课的考试成绩都达到优秀水平。

这样一来，势必会出现一门或者几门学科"拖后腿"的现象，影响到考试的总成绩。另外，即使在某一门学科内部，由于受学习能力和学习状态的影响，学生的表现和成绩也会出现起伏。

如果我们有了所谓的优势学科和弱势学科，或者在某个学科上有了强项和弱项之分，那么这对我们来说便是一种危险信号——要知道，每年因为偏科而导致高考失利的案例，比比皆是。

但是一些同学可能会很困惑，因为在日常学习中，个人的精力是有限的，不可能保证门门功课都齐头并进。其实，要想实现这一点，唯一的方法就是利用复习扬长补短。

在长期的教学活动中，我发现虽然有很多学生也意识到了复习对各个学科的促进提高作用，但是因为方法不得当，很难实现预期的效果。有些学生总是习惯性地将大量时间和精力投入到弱科中去，却忽视了其他学科的复习，最终导致这样一个结果：弱科没补上来，其他学科也没学好。还有一部分学生觉得自己的弱科怎么复习也不会变成强科，于是便将时间和精力都用在了自己喜欢的学科和强项上去了。但是优势学科分数上升空

间有限,即使我们再努力,单科分数再高,又能为我们的总成绩增加多少分数呢?这样做,有可能造成这么一种结果:强的学科越强,弱的学科越弱,以至于总成绩提高不上去,甚至会下滑。

如果我们能够在复习的时候扬长补短,那么就能在强势学科上变得更加优秀,而弱势学科也能慢慢得到补强,最终做到:强科里的全部知识点都能被掌握,弱科里面有强项、有突破。这样一来,随着自己的强势学科变得更强、弱势学科慢慢变强,在最终的高考中我们必定能凭借整体优势脱颖而出。

2013年甘肃文科状元祁箫回顾自己中学时的复习方法,感触颇多。中学时代学科众多,但是时间有限,怎么才能使有限的复习时间被更加合理地利用,一直都是祁箫在思索的问题。她在中学复习的原则是:除了配合老师的复习计划外,在复习的时候结合自己的学习状况有针对性地扬长补短,力争通过复习让强势学科越来越强——优势学科变成强势学科,弱势学科变成优势学科。

为此,祁箫在制订复习计划的时候,会将时间的使用向弱势学科倾斜,但同时强势学科也会分配到复习的时间。她还根据自己平时的学习状况设定复习的侧重点,而不会在每个知识点上平均分配复习时间。她复习的时候,侧重在自己知识网络的弱点和漏洞上下功夫,当然对每个章节的重点和难点她也会投入时间和精力复习。

要想在复习中扬长补短,我们就必须明确自己的复习方针,这样才能确保我们在复习的时候目标明确、方法可行。

### (1)我们必须清醒地认识到自身知识的不足和缺陷

复习的大忌是没有针对性,糊里糊涂地复习,最终的效果自然会很一般。聪明的学生在复习开始前会先分析一下自己学习的优点和缺点,找到自己薄弱的学科和知识点。

其实做到这一点很容易。通过平时做作业和考试，我们会对自己的学习状况有一个大致的了解。比如：如果语文考试总是在作文上失分，那么写作就是你语文学习上的弱项；英语考试一遇到阅读理解就失分甚多，那么显然英语阅读便是你学习中的弱项⋯⋯

### （2）复习时间和精力要合理分配

在复习中，如果经过长时间复习也未见优势学课的成绩大幅提高，那么我们就应该减少该学科在复习中占用的时间，将"节省"下来的时间和精力用到其他学科上去。

强势学科经过长时间的复习成绩依然提升不大，说明你在这个学科上的潜力已经"挖"得差不多了，之后只要能保持住目前的状态就可以了。如果将大量的复习时间和精力都用在这门学科上，无异于巨大的浪费。

对于我们的弱势学科来说，它应该始终是我们复习的重点。在平时的学习中，我们应该将更多的时间和精力放在弱势学科上。相对于强势学科，弱势学科成绩的提升空间更大，当弱势学科成绩提高上来后，总的成绩自然也就提高了。当然，在临考的复习中，我们需要平均分配时间和精力，这个时候如果再将大部分时间和精力都投入到弱势学科，显然是不明智的。

也就是说，我们在复习的时候，应该将时间和精力向成绩提升空间更大的学科倾斜。

### （3）在对时间和精力的调配上，可以向中意的未来专业适度倾斜

中学时代学习的最终目标是考上一所心仪的大学，而在大学之中，我们还需要选择一门自己喜欢的专业，这样我们的未来才会有更大的发展。

如果你将自己未来的大学专业设定为中文系，那么在平时的复习中，

不妨多挤出一些时间阅读一些文学名家名著，这样可以提高你的文学素养，为你将来的大学学习打好基础。当然，阅读的前提是不影响其他学科的学习——首先要保证自己能跨过高考这一"门槛"，进入自己心仪的大学、心仪的专业。

（4）制订严格的时间计划

要想在复习中扬长补短，必须有一个相对严格的时间计划，并能够保证在日常学习中严格地贯彻下去。比如有的学生作文基础比较差，那么可以在保证别的学科复习时间的前提下，利用一个学期的时间，专门来阅读和搜集写作方法技巧，并将其细化到每天的学习中去，根据个人的具体作息时间，安排相对固定的某个时间段来进行这项复习工作。

只要我们能够在平时的学科复习中做到扬长补短，那么各学科之间的差距也会在日复一日的复习中渐渐被抹平。如此一来，我们的总成绩也就相应会提高。

## 第六章 高效课堂习惯：高效利用课堂45分钟，将课堂价值最大化

对中学生来说，课堂就是一个战场，每个人走入课堂，都要做好打硬仗的准备。如果我们对课堂45分钟的重要性认识不清，就可能在这场战争中输得一败涂地。

# 让自己习惯于专注

所谓的专注习惯，就是上课时注意力专注于老师身上，不让注意力转向其他无关紧要的事物。事实上，如果我们仔细分析一下就会明白，难的并不是要将注意力集中于事物上，而是怎样才能将无关紧要的干扰屏蔽在大脑之外。因为这些无关紧要的事物会扰乱我们的思维，将我们原本关注的信息和图像从大脑中赶走。

课堂45分钟，老师会讲解新知识，分析重点和难点知识——虽然算不上字字珠玑，但是不可否认，这45分钟老师讲的知识是课本的精华所在。作为学生，要想在有限的时间里最大限度地掌握老师讲述的知识，就必须养成上课专注听讲的学习习惯。当我们在开小差的时候，也许最重要的知识就从我们的耳边和手边溜掉了。而每节课的内容彼此之间都是紧密衔接的，如果错过了一节，那么下一节的学习就会变得被动，错过更多的知识。

当然，要想在45分钟内始终让自己保持专注的状态似乎有些困难，而我们要做的是怎么养成习惯而不是选择逃避。如果我们能够让自己养成课堂专注听讲的习惯，那么我们便进入了一个专注的更高境界，这对我们学习的帮助将是巨大的。

专注于听课的习惯，是众多北大清华状元成功的法宝之一。我们来看一位清华大学学子在中学时代的学习心得：

"我读高中的时候，班里的人比较多，因为我个头比较高，所以老师便安排我坐在了最后一排的位置上。在最后一排要想上课保持注意力是不怎么容易的，因为几乎所有同学的小动作我都能看到，很容易分散注意力。但是我克服了种种干扰，养成了专注听课的习惯，对听课始终充满了热情。因为我知道，作为一个学生，听课是获得知识、提高成绩的最主要途径，不管这节课老师讲的内容之前你掌握与否，你都需要专注地再听一遍。

"最重要的一点是，专注听课的习惯有助于我将知识串联在一起，构成了一个有机的体系，弥补了知识上的很多漏洞。其实在我看来，所谓的尖子生和普通生之间的最大区别，就在于能不能弥补知识上的漏洞，因为有些漏洞极有可能是理解知识点的'枢纽'所在，如果补不好，整个知识体系就串联不起来。而听课是一个很好的串联途径，能够高效地弥补我们知识上的漏洞。

"高一的时候我各科的总成绩只能勉强排进年级前50名，但是到了高三，我已经稳居年级前三了。这样的转变关键还是在于我能专注地听课，消灭了各科的知识漏洞。"

那么在日常的学习中，我们如何才能排除干扰，让自己专注于倾听老师的授课呢？

### （1）不管是掌握的还是没掌握的知识，都需要耐心听讲

有些学生已经养成了课前预习的习惯，听课的时候相对于其他同学会轻松不少。但是这些学生中有一部分人可能会因此走向一个极端——觉得自己课前都已经预习到位了，新知识也都学会了，老师在课堂上讲的内容听不听都无所谓。于是老师在台上讲，他却开始在底下自学其他内容了。

我曾经教过这样一个学生，他能在课前认真预习，成绩还算不错，处于年级中上游水平，但他却很少能够挤进年级的前100名。为此他很困

惑、很苦恼，找到了我，要我帮忙分析一下他止步不前的原因。

我告诉他，上课的时候经常发现他低着头做别的事情，有些不专注。他脸红了，说出了原因。原来他觉得老师讲的那些东西自己在预习的时候就已经掌握了，再听一遍的话浪费时间，所以自己便开始学接下来的新知识了。

我给他分析，告诉他："老师在课堂上要面对所有的学生授课，即便有些知识你预习了，可能已经懂了，也还是应该专心听讲。因为毕竟，除了需要关注的具体知识，还有一些东西是值得你上心的，比如老师对这节课的宏观把握、对重点和难点的理解、对知识的迁移和转化等，这些技巧都是很值得你学习和揣摩的。"

所以不管我们在课前预习得多么充分、成绩是好还是坏，在听课的时候都需要专注投入。

### （2）要有明确而强烈的学习目标

有些学生可能因为不喜欢某一学科的老师，连带着也就不喜欢听这位老师的课，或者觉得某门课学起来比较枯燥，经常不知不觉地走神开小差。

如果出现了这种状况，我们需要再次向自己强调学习的目标，让自己意识到这门学科的重要性。在上课的时候不断地在内心提醒自己听课的目标是什么，这样才会让学习目标变得明确而强烈，很大程度上能够防止我们在课堂上频频走神。

### （3）培养自己对某门学科的学习兴趣

很多同学都有这样的体会：生活中，对自己感兴趣的人和事，我们便能专注地对待。其实听课也是同样的道理，当我们对某门学科感兴趣，我们就能做到专注地听讲；反之，兴趣不够，那么上课的时候便会出现走神的现象。

所以，当我们在上某门课的时候表现得不够专注，就需要反省一下自己是不是对这门课缺乏兴趣。如果是这个原因，那么我们就需要尽快培养起自己对这门学科的兴趣：可以从和它相关的人物、读物、实验、电视节目、历史等方面入手，也可以多和这门学科学得好的同学或者朋友互动，当然也可以多和任课老师沟通——喜欢上了这位老师也就意味着渐渐会喜欢上他的课。

### （4）让自己跟上老师讲课的节奏

很多同学都有这样的困惑：自己上课很专注，但是效率却不怎么高，老师讲的很多知识都没能领悟。造成这种现象的原因大致有二：其一，自己基础比较薄弱，之前的知识没消化，漏洞多，以至于老师讲新课的时候以前学过的知识自己经常想不起来，不得不临时翻一下之前的笔记重新温习，可就这么一耽搁，老师已经讲到别的知识点去了；其二，老师讲的一个问题没听明白，于是便将注意力完全集中在这个问题上，研究个没完没了，结果第一个问题没解决掉，第二个、第三个问题也错过了。

也就是说，专注并不是死盯着一点不放松，很多时候，能够灵活而迅速地转移注意力也是一种专注的体现。会听课的学生会先将问题放在一边，紧随老师的思路走，跟得上老师讲课的节奏；等下课之后再回头梳理，及时研究不明白的问题，贯通知识点。

## ▶ 积极回答老师提出的问题

作为一个学生，要想高效利用课堂45分钟，就必须养成上课积极回答老师问题的学习习惯。积极回答老师的问题，不仅能够活跃课堂的气

氛,还能让我们变被动听课为主动应答,大大提高自身的思维水平和学习能力。

很多学生在听课的时候会觉得枯燥乏味,提不起听课的精神,最主要的一个原因还是在于很少主动回答老师的提问,很少参与课堂互动,将自己置于旁观者的位置上。

北京大学数学系的一位学生在回顾自己中学时代的学习生活时如是说:

"不管上哪门课,我都会积极地回答老师提出的问题,因为这样能够让我主动地接受和吸收知识,让原本被动的听课转变成了一种积极的互动活动。另外,积极回答老师的提问还能锻炼自己的表达能力,这对于解答主观题有很大的帮助。

"对我而言,上课积极回答老师的问题是一种非常好的锻炼方式。刚开始的时候,觉得在众目睽睽之下回答问题很不好意思、很没信心,但我还是鼓足了勇气第一次举起了手,有了第一次、第二次、第三次,我也就慢慢有了信心,也得到了老师的鼓励,同学们也刮目相看。有了自信之后,我便慢慢养成了上课主动回答老师问题的习惯,感受到了学习的乐趣所在。"

其实根据我的教学经历,我认为课堂学习中存在着这么一条规律:凡是那些在课堂上表现比较活跃、能够积极回答问题的学生,大多成绩比较优秀;而那些一听到老师提问便将头低下、一声不吭的学生,则大多数成绩平平。

之所以会出现这种对比,其实并不难理解:那些能够在课堂上积极响应老师提问的学生,他们的思路必定会和老师的思路保持高度一致,如此,在老师提问的时候他们才会胸有成竹、大胆回答;而那些不敢回答老师提出的问题的学生,在听课的时候大多不专注,对回答老师问题没有把握或者缺乏自信。

老师在课堂上提出来的问题，往往就是重点、难点和关键点，如果一个学生总是不想或者不敢和老师互动，不愿意主动回答老师的问题，那么他就无法深入地思考这些重点和难点。最终，一堂课下来，这个学生对关键知识的学习和理解仅仅只能是"了解"，而不是理解。当他需要运用所学知识去解决问题时，他便会觉得知识点很生涩，作答问题很困难。

相反，如果一个学生能够在课堂上积极主动地回答老师的提问，那么便能促使大脑积极地运转，加深对重点和难点知识的理解，巩固所学知识，并且增强自己的语言表达能力。

既然积极回答老师的课堂提问有这么多好处，那么具体说来，我们应该在课堂上如何表现呢？

### （1）要习惯克服惧怕和难堪心理

我们要时刻提醒自己：我们的身份是学生，而学生最大的任务就是学习。正因为我们还有很多不懂的地方，所以回答错误是很正常的，也就是说，即使我们回答错了，也没什么可担心和害怕的。

也许有的学生会这么想：如果一个问题别人都明白，就我一个人不清楚，这个时候我答错了老师的问题，岂不是在向大家"展示"自己的无知？其实不然。有这种心理的学生首先要弄明白的一点是：学习是为了自己，不是为了别人。假如我们总是将自己的成功和别人一时的嘲笑联系起来，那么我们永远也不会真正成功。另外，有这种心理的学生一般都将自己看得太"重"了，要知道别人是不会总将目光停留在你身上、关注你的一举一动的，在他们心中你远远没有那么引人注目。当然，那种因为害怕露怯而不肯回答问题的想法就更加幼稚了——正因为自己有缺点和错误，我们才更应该积极回答问题，这样我们才能及时发现自己的问题所在，进而矫正完善自己，才会在学习上不断取得进步。

所以我们要在课堂上大胆回答老师的提问，即使我们的回答是错误的，我们也能在这个过程中锻炼自己的思维能力，知晓自己的不足。千万别惧怕丢脸，课堂上永远不存在什么"丢脸"的事，只要我们多一些勇气，我们就将在学习上收获更多。

（2）回答老师提问之前，要先归纳自己的想法

回答问题不怕出错，但这并不意味着我们可以在回答的时候想说什么就说什么。老师提出问题之后，我们要先思考，得出自己的答案，这样才最稳妥。当我们从容不迫地回答问题时，会给大脑一个缓冲时间，让它有充分的时间进行思考，这样我们的答案才更加有条理、有组织性。相反，如果我们不假思索，总是急于抢答老师的问题，那么大脑就会处于一种无序的兴奋状态中，得出来的答案自然也较为混乱，没有什么逻辑性可言。

（3）回答问题时声音要大，语气要果断

有些学生虽然愿意和老师互动，但是在回答老师问题的时候声音很小，似乎整个班里的听众只有他自己。我们要明白的一点是，回答老师提问之所以是一种更高效的听课习惯，并不在于为了回答而回答，而是因为我们从中可以得到更加重要的东西：

其一，学好知识的信心。在课堂上，当我们大声且语气坚定地说出自己的答案时，就在某种程度上便增强了自己的信心。如果你回答问题时声音很小，语气很犹豫，不仅会让你自己的信心越来越不足，别人也会因为听不到你的回答而无法肯定你，这样一来势必会更加打击你的信心。

其二，优秀的语言表达能力。如果我们能够信心十足地说出自己的答案，那么时间长了，我们的语言表达能力势必也会变得越来越强。

所以我们在课堂上回答老师的问题时，要养成大声回答的习惯，要语气坚定地说出自己的答案。

（4）不要为了表现而抢答老师的问题

有些学生表现欲比较强，老师还没把问题说完，他便抢老师的话，说出了答案。这虽然是一种积极回应老师的表现，但却往往会让授课老师难以接受，增加老师授课的难度和紧张感，打断老师的思路。所以在积极回答老师问题的时候，我们需要告诫自己，不要抢答。

## 听课时要习惯于听重点、难点和方法、门道

如果问一个学生：你知道上课的时候应该听些什么吗？也许他会毫不犹豫地回答："知道！"根据我的观察与经验，这个学生所说的"知道"，往往是指通常意义上的重点和难点，却未必包含方法和门道。

很多学生在课堂上都能做到认真听讲，但遗憾的是，他们的成绩并不优秀，究其原因，就在于他们没有找准听课时要听的对象。

2013年考入北京大学的泰州文科状元朱珠在谈到自己听课时的习惯时说："听课除了要听老师推导和总结出来的公式和结论，还要特别注意这些公式和结论推演的方法——老师是怎么着手的、怎么思考的，对自己有什么启发。如果总是侧重于记忆老师得出来的结论而忽视了方法和门道，那么我们掌握的知识往往便是知其然而不知其所以然。死记硬背下来的知识忘得也快，运用起来也不自然，更不用说发展自身的能力了！"

的确，养成专注听课的习惯只是具备了学好一堂课的前提，如果不知道听课时到底该听什么，不懂得听课的技巧，那么整堂课的听课效率依然不会太高。

我曾经教过一个学生小张,每次上课的时候他都能专注听讲,眼睛从来不离老师的手和嘴,自己觉得对老师所讲的内容都能理解;一堂课下来,他的笔记也记得满满的。但是让小张困惑的是,虽然他在课堂上付出了巨大的努力,但是成绩却不怎么理想,始终在班里的中上游水平徘徊。我对他的要求只有一条:听重点、难点外,还要学会听方法和门道;要知其然,更要知其所以然。

作为学生,在上课之前要多问问自己应该听些什么,这样做是非常有必要的,能够让我们确定一个明确的听课目标,让注意力有方向性地集中在它该集中的地方。

(1)听课的时候要注意老师提出的要求

一般而言,老师在开始讲课前都会将这堂课将要讲解的重点和难点点出来,提醒学生接下来听课的侧重点在哪里。有些学生想当然地认为开始上课时的前几分钟并不重要,其实这种想法是很不可取的。尽管很多老师在讲授新知识之前会回顾之前的旧知识,但是在讲到重要章节的课上,还是会在开课时点出重点和难点。如果这个时候学生没有集中注意力听课,就会错过老师对这节课重点和难点知识的提示。所以要注意上课前几分钟老师所说的知识点,这样能够让我们听课时更加有针对性。

(2)听课不仅要习惯性地倾听重点和难点,还要着重听老师的分析方法和解题思路

听课的目的除了掌握知识外,还要发展自己的思维能力。所以听懂并不是我们的最终目的,学习成绩优秀的学生上课时不仅会听老师讲重点和难点,还会注意老师分析问题的思路和技巧,好让自己的思路随着老师的思路"起舞",这样就能将老师的思路方法和技巧消化、吃透,最终转化为自己的能力。

有位理科高考状元在总结自己的听课经验和习惯时这样说:

"我听课的目的很明确，就是仔细分析老师的分析和思维方法，然后和我自己的作比较，继而找出差距和不足；学习老师新颖的解题方法和思维路径，培养自己特有的学习习惯和能力。"

大家都知道，正确的思路和方法是实现目标的重要前提和保证。我们在学习中也是如此，只有具备了正确的思路和科学的学习方法，我们才能逐步提高学习能力、提高学习成绩。

### （3）注意听别的同学的回答和讨论

学生听课并不是单纯被动地去听，还要参与到老师讲课的这个过程中去，才能将课堂上的每个知识点都理解消化掉。其实生活中大家都有这样的体会，如果只是单纯地听别人讲要求，我们很可能会记不住，但如果是我们亲自参与进去，就能又快又好地记住要求。上课听讲其实也是这个道理，只有让自己参与到老师的讲课活动中，才能做到真正的理解。

在课堂上，有些学生能够很专注地听老师讲课，但是在别的同学回答老师提问时却往往开小差，并不在意别的同学说了些什么、是从什么角度来思考的。这样一来，无异于将自己放在了课堂讨论之外，将自己装在了"套子"里。

要知道，很多时候，如果我们不注意听别的同学回答问题，就可能打断我们自己听课的连续性。如果同学回答问题的时候我们想别的，同学都回答完问题了我们还在神游天外……这样的状态必然会和老师的节奏脱节。而如果我们能够仔细听同学回答，积极思考同学所说的答案正确与否，就能保证我们听课的连续性，不至于等到老师对同学的作答做分析时我们还在走神儿。

另外，同学回答问题的思路有很多值得我们借鉴的地方。如果我们能够在听课的过程中认真思考同学的答案，当同学的回答不如我们得出的结论时，我们便会产生极大的成就感，觉得自己的思路比较高明，上课的热

情就会变得更加高涨；而当同学的答案比我们得出来的更妙更准确时，我们能从中学得更精妙的思维方式，取长补短，获得启发。即便有时别人的答案是错误的，他们的思维方式也会给我们以启发，值得借鉴。

## ▶ 课堂笔记要详略得当，课下要习惯性地整理归纳

曾经有学生困惑地问我："老师，我上课的时候认真记笔记，比谁记得都详细、都多，可为什么我对那些学过的知识还是觉得有些陌生呢？运用的时候觉得很生涩。"

每每听到这样的问题，我都会立即反问："你觉得笔记记得比别人详细全面，就等于你将老师在这堂课上讲的知识都掌握了吗？"我之所以这么问，就是希望让学生明白这样的道理：上课效率的高低并不是以所做笔记是否详细全面来衡量的。

其实作为老师，对学生的这种困惑我是十分了解的。他们在上课时能够认真听讲，几乎将老师讲的每句话都详细地记录了下来，可当需要他们真正在解题过程中运用这些知识的时候，他们却发觉自己对知识是那么的生疏。这究竟是什么原因造成的呢？其实这种现象跟我们在课堂上未能将听课和思考有机结合在一起有很大的关系。

清华大学学生王栋在中学时代就非常重视课堂笔记。他认为课堂笔记能够让人跟上老师的思路，并在以后的考试复习中起到很大的作用："即使你记了笔记之后再没有翻过它，它也能增加你对知识的掌握和理解。"

当然，课堂笔记只是一个辅助性的东西，其目的还是在于让我们更加专注地听老师讲课。如果发现记笔记影响到了正常听课，那就可以少记或

者不记。另外，如果老师讲的内容和课本上的没有太大区别，那么只需要记下大标题，专心听课就行了。而当老师举一反三，由知识点引申出一些开阔学生视野或者启发学生思维的内容时，我们就需要详细记录了。

其实在我看来，课堂上记笔记只是一种帮助理解和记忆的手段，记录不是目的，理解才是最重要的。如果能在课堂上兼顾理解和记录的话当然最好，但如果二者不能兼顾，只能选择其一，我们可以少记录或者不记录，这样才能确保我们上课专注于听讲和理解。

其实上课的时候只要我们手里有笔，当老师的某句话或者某个问题对我们有所启发时，或者能令我们产生疑问、新思路或者感悟的时候，我们就可以将这个记录下来，以防关键点和有价值的知识被遗忘，这样就能很好地保证我们听课的质量。

在记笔记的过程中，很多学生都有这样一个毛病：不管对老师讲的知识理解了还是没理解，先记下来再说，等下课之后再慢慢理解消化。有这种想法的学生，其初衷是好的，但不能忽视的一个问题是：如果有了这种想法，我们便会在上课的时候想当然地将重点放在记录上，而忽视了理解，导致大脑"死机"。这样的话，一节课上下来，我们的大脑里会积攒很多问题，下课之后再一一梳理的话，必定会耗费大量的时间和精力。

如果我们在课下耗费大量的时间和精力去梳理那些原本在课堂上就应该弄明白的问题，那么就等于付出了双倍的时间，学习效率自然不会高。时间长了，这种学习习惯会让我们在学习中变得越来越吃力，理解能力越来越差，成绩自然也就很难提高了。

那么我们在课堂上应该如何记笔记，才能达到最好的学习效果呢？

### （1）要学会科学地记笔记

我的一个学生曾经向我吐露这样的困惑："课堂上，我听到老师讲的一个知识点很有记录的必要性，但是当我低下头一字一句地记录下来后，

却悲哀地发现老师已经讲到下一个知识点了，我已经和老师的思路脱节了。我很困惑，难道为了跟上老师的讲课节奏，我便一个字也不能记录吗？如果我这么做了，那以后复习的时候我没有什么笔记应该怎么办呢？"

其实这个学生的困惑归根结底还是怎么科学记笔记的问题，要想在记下老师讲课精髓的同时又能跟得上老师的讲课思路，我们必须学会科学地记笔记。

科学记笔记的原则有三：

首先，我们要记录下老师所讲述内容的章节标题、副标题，牢牢抓住老师讲述的主题和重点。对老师强调的重点、结论、公式、说明以及所做出的某些精辟的解释等都要记录下来，必要时甚至需要具体写下来，这样可以让我们之后复习时更加得心应手。

其次，记笔记的时候要尽量缩写语句，使用一些短语或者数字、符号、表格等来总结概括老师的讲解。这样能够让我们的记录变得更加精练，记录更迅速，占用时间更少，最终将听、读、写有机地结合在一起，提高大脑的反应能力，让学习变得更加高效。

最后，记什么、不记什么要做到心中有底。老师所讲的内容中，那些课本上有的概念、定义等，不需要我们再记录到笔记中；而老师对课本上这些概念、定义的分析、引申和转移，就需要我们专注地理解和记录了。

（2）笔记并不是记录得越详细越好

很多学生都想当然地认为课堂笔记记得越详细越好，其实这种观点是很片面的。因为有些时候，如果我们盲目地做笔记，很可能会错过老师讲的重要内容，影响听课的效率。

2005年贵州理科状元罗远航在谈起课堂笔记时如是说："在课堂上，我始终坚持这么一个原则：少记或者不记（语文、英语除外）。因为数理化这些课程需要跟着老师的思路走,绝对不能在课堂上开小差,跟不上的话就意味着整堂课效率低下。记笔记的时候需要根据老师讲的内容来决定笔记的详略:如果老师述的内容和课本上的内容重合,那么只需要记下标题即可;如果老师讲的内容很有见地、很有启发,那么就需要详细记录。"

也就是说,在特定情况下,少记录或者不记录也是一种高效利用时间的学习方法。当我们在课堂上记笔记的时候,要有选择性地记录重点和创新性的东西,而不是将老师讲的或者写在黑板上的每句话都记录在本子上。

### (3)课下要抽时间整理笔记

笔记不只是上课时的记录本,还应该是日后复习的最可靠资料。要想让笔记变得适合自己,就必须对它进行必要的提炼,用自己的语句重新梳理它、丰富它。如此一来,才能让笔记中记录的知识系统化,"变身"为个人日后复习的最可靠助手。

整理笔记最好的时机就是课后两分钟,在这两分钟内,我们可以回忆一下老师在课上所讲的内容,对照课本回忆相关知识点,补全笔记。如果实在想不起来,可以参考一下同学的笔记。在这个过程中,除了补充内容和修改错误字句外,我们还要列出提纲,将笔记大纲化、系统化,去除无关紧要的内容——只有这样的笔记,日后才会成为最适合自己的复习资料。

## ▶ 加强和老师的互动

一位顺利考入清华大学的优秀学子在谈到自己中学时代的听课习惯时,曾经说过这样的话:

"我在上课的时候,习惯于专注听课,并且很注重和老师之间进行眼神和言语上的互动,从来不会让自己一味低头听课。这种听课习惯让我获益良多,使得我能够最大限度地利用好课堂时间,理解和消化新知识,并且得到老师更多的鼓励和支持,从老师那里获得更多的反馈。比如在上物理课的时候,我始终和老师保持目光接触,顺着老师的思路进行思考,有不懂的地方便表现出疑惑,老师会从我的眼神中看出我的困惑,继而停下来询问大家有没有听懂,或者会放慢进度进行重点讲解。这样时间长了,老师上课的时候便习惯从我的眼神中观察自己讲课的效果,查看大家的理解状况。

"其实所有的老师都希望能够及时了解自己讲课的效果如何,所以当我成了老师的信息来源之一时,物理老师便会根据我的理解程度及时地调整讲课的重点和速度,这对我和别的同学全面掌握知识无疑是非常有利的。特别是对我来说,不仅让我对物理课更加感兴趣,还让我更乐于思考老师提出的问题,将自己的答案和老师的分析结论进行对照,从而获得更新颖的解题视角和更好的解题方法。

"就这样,我和物理老师之间形成了一种默契,老师对我的关注也越来越大,给了我更多的照顾。这样一来,我学习物理的兴趣就变得更大了。我的物理成绩便在这种良性循环中不断得以提高,最终进入年级排名前列。"

由此可见,上课养成和老师互动的习惯是非常重要的。和老师之间的互动,不仅能够促使我们更加认真地听讲,还让我们能够更快地融入老师的讲课节奏中去,极易和老师形成思维上的默契。

更重要的是,这种互动有利于帮助老师调整讲课时的状态和进度,发现讲课的疏漏和错误之处,同时有利于我们查漏补缺,将整节课的内容串联在一起。而且当我们积极地和老师互动时,我们就会给老师留下良好的印象,继而获得老师的肯定,得到更多的帮助。

既然上课和老师互动的好处如此多，那么在上课的时候，学生具体要从哪些方面和老师互动呢？

### （1）积极回答老师的提问

这是一种最直接的师生互动，这种形式能够在师生之间构建一座沟通的桥梁，使师生彼此能够准确地了解对方的思路，以便及时调整自己讲课和听课的节奏。

### （2）到黑板前进行听写和推演

老师通常会利用每节课的最初几分钟对上一节课学习的重点知识进行回顾和检查，这个时候很多学生因为害怕被点名，往往将头低下，避免被老师提问。其实，如果这个时候我们能够抬起头，配合老师站在黑板前，接受检查，那么我们将受益良多。

这样做最直接的一个好处便是能够促使我们课下进行复习和记忆。站在黑板前的听写和推演是对我们课下复习和记忆的检验，当我们成功完成时，老师在全班同学面前的肯定和赞赏将大大鼓舞我们的学习士气，促使我们以后更好地进行复习，从而养成一种良性学习习惯。

另外在学习新知识的时候，老师也会在适当的时候找学生到黑板前推演。这个时候我们要积极参与进去，因为老师会根据这个推演了解学生对新知识的掌握情况。而我们参与进去后，也可以根据老师和全班同学的观察与分析，找出自己的知识漏洞，迅速加以弥补。这样一来，我们对新知识的掌握也就不存在疏漏了。

### （3）重视实验

相对于理论学习，实验也是一种重要的学习方法。但遗憾的是，很多学生通常都觉得实验是老师的事情，自己只需要看看就行了。而那些总是积极参与到老师实验中去的学生，在协助老师做实验的过程中，其

自身兴趣也显著提高，学习成绩与别的学生相比会更优秀。为什么？因为他们会在参与实验的过程中验证自己所学到的知识理论，从而加深对知识的理解。

比如在化学课的实验中，各种仪器的运用有着严格的规定，如果不通过实际的操作，就很难记牢那些烦琐的规定；如果我们在实验之前无法记牢实验的步骤，那么实验的最终结果只能是失败；而且实验的现象，比如形状、气味、生成物等，都需要我们一一记住，如果不实际操作，真的很难熟练掌握这些知识。

（4）和老师进行眼神或者神态上的交流

其实在课堂上，学生和老师之间的互动，除了语言之外，用得最多的还是眼神和神态。对老师来说，所要讲的内容已经烂熟于胸，在课堂上除了讲课之外，他最大的精力投入还是在于观察学生的眼神和神态，老师通常希望通过这种互动了解学生对所讲知识的掌握程度，继而有针对性地调整讲课的节奏和内容。

我的一个学生就非常善于和我进行眼神互动，每当有什么地方听不懂，她便会向我投来疑惑的目光，我便知道在这个知识点上她有了理解上的困难。这个时候我就会放慢讲课速度，回头再讲一遍；如果从她的眼神中看到兴奋和理解，我便知道自己的课讲得很有效果。

当然上课时的神态也很重要，要知道上课时我们不仅要脑动、手动，还要眼动、脸动，让自己的表情丰富起来，让老师知道你已经融入了他的语境中，成了一面映射他讲课效果好坏的镜子。如此，我们才能得到老师的重视，才会享受到上课的乐趣。

第六章　高效课堂习惯：高效利用课堂45分钟，将课堂价值最大化

## ▶ 养成质疑的习惯

质疑也就是我们常说的提出疑问。古人说："学贵有疑，小疑则小进，大疑则大进。"对我们而言，知识的获得、能力的发展，都是在我们不间断的质疑中实现的。我们要对书本保持质疑精神，正所谓"尽信书不如无书"；同样的，对待老师的讲授，我们也需要保持一种质疑精神。

在学习上，老师是学生的领路人，老师有着丰富的教学经验，他们对知识的理解和把握也更加全面，对某一具体学科的研究也更加深入，对学习方法的总结也更加全面到位。老师讲解知识的时候，他会根据自己丰富的知识和方法储备给予学生具体的指导，提出问题，带领学生温故知新，掌握新的解题策略和方法。

但是这并不意味着老师是神，无错可纠。老师也是普通人，上课的时候，他可能会因为语言表述不当而在讲述某个知识点时造成歧义，有时也会在课堂上将知识点弄错，有时甚至会因为思维上的混乱而将知识讲错。所以对待老师的授课，我们也不能全盘接受，太过于迷信老师。

假如我们在上课的时候发现老师讲课有错误，那么我们要找机会向老师提出自己的疑惑，这样才更有利于我们学得真知。也许有些学生觉得这样做有风险，认为在课堂上当着很多学生的面儿指出老师的错误，会让老师觉得很难堪，继而让老师不悦，讨厌自己。其实这种担心是没有必要的，只要我们方式得当，老师不但不会责怪我们，反而会感激我们，因为对老师来说，没有什么比用错误的知识"误人子弟"更让他难过的了。我们及时地质疑，正是避免老师误人子弟，他会从心底感谢我们，并对我们刮目相看，觉得我们认真思考问题了。

当然，还有些学生会有这样的顾虑：如果我提出的质疑，最后却被证明是错误的，那岂不是很难堪？这种顾虑是多余的，要知道质疑本身就是一个探索的过程，出现错误是很正常的；何况有老师帮助纠正你的错误、弥补你的知识漏洞，这才是最大的收获呢。

所以在课堂上，我们要做一个不盲从的学生，一旦发现了疑问，就要找机会向老师质疑。千万不要犹豫、不要害怕，因为质疑带给我们的将是更大的收获。

我的班上曾经有一个学生，数学成绩原本并不是特别好。有一次，在数学课上，他发现数学老师讲解一道习题时的思路是错误的，而且最终得到的结果也有偏差，并不十分准确。于是，他趁着数学老师让大家做题的机会，举起了手，将数学老师叫到身边，说出了自己的发现。数学老师意识到了自己的错误，马上走回讲台，重新为大家讲解这道题，并且当着全班同学的面儿表扬了这个学生。这件事让他对数学有了更大的兴趣，再加上数学老师的关注与鼓励，他的数学成绩有了很大的提高。

其实那些考入北大清华的状元们，个个都是质疑的高手。他们不仅专注地听老师讲课，还会对自己有疑惑的地方进行质疑，最大限度地找到正确的答案。

一位清华大学的学生曾经这样讲述自己的学习经验：

"老师也有犯错的时候，为了让自己始终保持清醒，每当我对某些老师讲解的知识点产生疑惑时，我便习惯多问自己几个'为什么'。我会不断地问自己老师讲的是不是对的，如果不对，又错在了什么地方。这样一来，我上课时不但变得越来越专注，而且为了找出答案，还查阅了大量的课外资料，丰富了自己的知识。"

当质疑成为我们上课时的一种习惯时，我们才更有探索精神，对知识的理解也才会更加深刻。

当然，在课堂上质疑老师是需要注意方式和方法的。那么我们应该如何在课堂上质疑呢？

### （1）对老师的观点要做深入思考

当我们觉得老师的观点有问题时，要先认真思考一下，如果经过思考还是觉得有疑问，再向老师提出疑问。经过思考之后，我们的思路会很清晰，哪里不懂，可以在和老师交流的过程中清楚地表达出来，大方讲出自己的分析。如果我们认为老师讲的某个地方不正确，可又说不出所以然，那么老师也就无从判断了。

### （2）要寻找合适的时机提出问题

在课堂上向老师质疑要讲究时机，不能一发现问题就站起来质问老师。不然的话不仅会打断老师的讲课节奏，这种莽撞的质疑方式还会让老师觉得尴尬难堪。

### （3）质疑的时候要注意说话的态度和语气

我们要明白质疑的目的是什么——是为了探寻知识和真理，还是为了让老师难堪？如果一发现老师的错误便洋洋自得，觉得抓住了老师的"小辫子"，冷嘲热讽，不仅会让老师反感，也会引发别的同学的不满。

我们在质疑的时候应该保持谦虚谨慎的态度，用探讨的口吻和方式和老师交谈，这样才会有所收获，并最终获得老师的赞赏。

### （4）要敢于坚持自己的见解

有时候，我们在提出自己的质疑时，也许还没有太多的论据来支撑自己的观点；也许老师无法立即意识到自己的错误，否定了我们的发现……

这个时候千万不要放弃，只要你觉得自己的疑问很有道理、很值得探究下去，那么就应该坚持下去。可以先查找资料，弄清原委，然后找时间继续和老师探讨，直到老师意识到错误为止。

# 第七章 语文学习习惯:感悟生活,勤于创作,轻松学好语文

很多中学生将语文学习简单地归结为学习课本,归结为死记硬背。这种认识是错误的。语文源于生活,又高于生活,要想学好语文,我们首先要感悟生活,养成在生活中学习语文、"寻找"语文的习惯。

## ➡ 语文学习不等于记忆

在几十年的教学生涯中，我对学生们学习语文的习惯有很深的认知。很多学生简单地将语文学习和记忆看作一回事，觉得学语文就是记东西——记生字生词，背诵古诗文言文，记作文材料……在这些学生的意识中，背诵的东西越多，语文成绩就会越好。

我曾经听学生说过这样一种学习语文的秘诀：语文学习要靠记，生字生词要狠记，古诗、文言文更要记；美文段落需牢记，段落大意也要记，时代背景更要记。我听了以后，觉得这种理念是有偏差的，它不仅不会成为我们学习语文的"法宝"，还会将我们引上一条弯路。

也许很多学生对我的这个结论不是很理解，觉得不管从哪个角度看，语文学习和背诵之间都有着千丝万缕的联系，既然它们之间的联系是不可分割的，那么背诵记忆又怎么可能把人带上学习语文的弯路呢？

是的，在语文学习中，很多内容都需要我们用心去记忆，但是我们不能因此就在记忆和语文学习之间画上等号，因为记忆并不是语文学习的全部。如果我们总是习惯按照死记硬背的方法去学习语文，那么即使我们能够将所有的资料都记住，得到一个相对不错的分数，语文运用水平也始终停留在很初级的状态。

2009年浙江省高考文科状元沈凌波在语文学习中就养成了很好的学习习惯，和别的同学不同，他在重视记忆的同时也非常注重对知识的理解，并不像有些同学那样只知道死记硬背。

比如在学习了鲁迅的《药》这篇文章之后，他又花了一天的时间认真去品味，感受到了鲁迅对劳动人民的那种复杂感情，就像父母对子女的那种感情一样——父母虽然爱着自己的孩子，但是如果孩子不争气，父母也会"恨铁不成钢"地数落孩子。其实鲁迅先生深深地爱着劳动人民，但有些人的愚昧行为却让他很是痛心……

可见优秀的学生在记忆的同时还会专门抽时间去理解、去感受，找到文章中的情感线索。这样一来，语文学习也就不再是简单的记忆过程了，它还是一个陶冶自我情操、锻炼思维的过程。

那么在语文学习中，除了背诵记忆，我们还能通过什么方式学习语文呢？

## （1）语文要习惯于记忆，更要习惯于理解

很多学生都认为语文学习需要去背诵记忆，这不假。但是在记忆之外，我们更需要去理解，不仅要知其然，还要知其所以然。如果我们总是习惯性地去记忆，却不加以理解，那么即便我们记忆得再多，语文水平也不会有什么实质性的提高。

曾经有一个学生在语文成绩公布后，因为成绩不怎么理想，情绪比较低落。我便将他叫到办公室，指着试卷上的一道阅读题给他分析没考好的问题："你看，你的阅读理解能力还需要加强，平时需要多看些书。"

没想到我说的话他却听不进去，而且还一再向我强调他的语文学习习惯："我一直都习惯将课本上的字、词、文章等需要记住的记在心里，为什么您还说我的理解能力不好呢？我觉得我做得很好呢。"

这个学生总是习惯将课本上的内容背诵下来，却不加以理解，最终只能算囫囵吞枣，阅读能力自然也就提高不上去。只有在语文学习中多一些理解，用心去体会文句中的情感，我们才能在平日的阅读中不断提高自己

的阅读理解能力，进而更好地学习语文。

（2）课本之外开辟"第二战场"

很多时候，有些同学总是将语文学习简单地局限于学习语文课本，除了课本上的东西，别的都不去记忆、不去理解。其实这种学习理念是很片面的，我们的语文课本由于篇幅所限，它所收录的课文只是语文海洋中的一滴水，将语文学习局限于课本，无异于自缚手脚。

优秀的学生会在学好语文课本的同时大量阅读课外书籍，让自己最大限度地融入语文学习的海洋之中。这样一来，我们的眼界才会更宽广，才能够在理解的基础上记忆和吸收前人的优秀文学遗产，我们自身也才会变得更加强大。

# 过点"语文"的日子

每当有学生向我抱怨语文难学，我都会反问他们这样几个问题：

"你上完语文课后是不是就将语文课本扔在了一边？"

"你平时闲着的时候翻不翻字典和词典？"

"生活中你是不是善于表达自己的想法，会不会倾听别人的意见？"

…………

很多时候，那些抱怨的学生都会被我问得一头雾水，因为他们觉得我问的这些问题和语文学习根本没有什么联系。我想说的是，这些问题不仅和语文学习有联系，而且联系还很紧密，关乎我们语文学习的成败。

那些不懂得这些问题和语文之间有什么联系的同学，在我的眼中甚至连学好语文的门槛还没迈进去，他们学习语文的方法和状态不是最好、最科学的。

其实不仅仅是语文学习，每一门学科都是这样，只要我们能够仔细体会、用心观察，我们就能在生活中找到它的"身影"。比如买菜的时候需要数学，洗盘子的时候有化学，打篮球的时候有物理……语文学习也是这样，而且它和我们的生活联系得格外紧密，可以这样说，我们的生活中处处都有语文的"身影"。

2007年云南理科高考状元邓侃总是习惯在生活中寻找语文的"身影"。每当他感受到别人说话的魅力时，他就知道自己实际上已经在感受语文的魅力了。当他被某个店铺的广告所吸引，他也会站在语文的角度思考一下：这则广告词如此吸引人，它究竟好在哪里？

他认为学好语文的关键在于体悟生活，让自己习惯过"语文"的日子，在生活中处处发现语文，处处感受语文的魅力，汲取语文的营养……正是因为有这样的语文学习体会和习惯，邓侃的语文成绩才会始终保持在一个较高的水平上。

可见，语文在我们的生活中是无处不在的，我们对语文的学习也不必局限于语文课本、局限于语文课堂之中。优秀的学生总是善于从生活中学习语文，感悟语文的魅力。

那么我们在平日里具体要怎样学习语文呢？其实在我看来，答案是很简单的：只要我们学会过"语文"的日子，那么我们便能在语文学习上有所作为。

所谓"语文"的日子，其实包含了两个方面的含义：其一，我们要将语文当成生活中不可或缺的一部分，要善于发现生活中的语文因子；其二，我们需要在日常生活中养成学习语文的习惯。

对中学生来说，学习语文的最高境界就是养成过"语文"日子的习惯，处处留心生活中的语文。比如当我们在生活中遇到不认识的字时，我们不可以瞎蒙，更不能干脆跳过去，就像没看见过一样。正确的做法是，

将这些不认识的字词记下来或者马上查一下字典和词典，彻底弄清楚。当我们养成了这种学习语文的生活习惯时，我们也就过上了一种"语文"的日子，每天都在学习语文、感悟语文。

具体说来，我们不妨从下面几点做起：

（1）将课本当成课外书读

很多学生在考试完后会习惯性地将语文课本扔在一边，觉得它没有什么利用价值了。如果以后复习时用不到，这些语文课本可能就从此"不见天日"了。

虽然我们一直强调语文学习不能局限于"啃"课本，但实际上，即使我们将整本课本都学完了，它也会以另外一种形式出现在我们的生活中。

最聪明的做法是，将课本当成课外书去读，将语文老师强调的写作背景、心情背景、层次结构等暂时放下，体会文字真正的美感。当我们认真去品味作者的文字之美时，我们就会惊讶地发现，原来看似枯燥乏味的语文课本也是一本美文汇聚的读物呢！

也就是说，当我们能够从欣赏美文的角度来品读语文课本的时候，我们也就迈出了语文生活的第一步。

（2）闲暇的时候经常翻一翻字典、词典

语文是一门需要不断积累的学科，我们只有在日常生活中不断地积累，才能打牢基础，学好语文。比如在日常生活中，我们遇到了不认识的字，很多学生都会在心里面告诉自己：回家之后一定要查查字典，弄清楚读音和含义。可惜一转头，这种想法立即就被抛在了角落里，于是下次再遇到这些字词的时候，我们还是不认识。

所以在生活中，我们不妨给自己准备一个小本子和一支笔，随身携带，每次遇到不认识的字词时就立刻记在本子上，回家的时候好翻翻字典、词典，将这些字词弄明白。有了这样的好习惯，我们也就能够在分辨多音字、形近字方面游刃有余了。

（3）敢于表达的自己的想法，认真聆听别人的语句

语文学习还包含着表达和聆听的过程，当我们能够流利准确地将自己要想说的话语表达出来的时候，我们对字、词、句的掌握也会变得更加娴熟。

要知道语文学习跟我们是否愿意聆听别人、是否愿意表达有着很大的关系。其实我们聆听周围人言语的过程，也是一个学习别人语言技巧的过程；表达自己思想的过程，也是一种锻炼自身语言表达技巧的过程。

综上，当我们能够做到上面三点的时候，我们也就迈入了语文学习的"大门"，过上了"语文的日子"，自然而然也就学好了语文。

## ▶ 多读课外书，养成良好的阅读习惯

只要我们仔细观察，就会发现这样一个有趣的现象：凡是语文成绩优秀的同学，都很爱看书，都阅读了大量的课外书。在我看来，不读课外书，光靠研究那些课文，是不能真正学好语文的。

要知道中学语文课本上的范文只不过是例子，是文学海洋中的"一粟"。语文知识的关键其实并不是读写知识体系，而是范文。范文在我们的生活中随处可见，并非一定要局限于语文课本。所以我们经常能够看到这样的新闻：×××自学成才，发表了无数文章，成了作家——其实就是这个道理。对于一个用心的学生来说，社会就是语文的大课堂，好的书籍就是老师，不必将所有的精力都局限在语文课本中。

日常教学过程中，很多学生会问我这样一个问题："老师，阅读和语

文学习之间究竟有什么联系？为什么很多人都告诉我说，书读得多了，语文自然也就学好了？"

在我看来，这个问题问得非常好。在我看来，阅读在语文学习过程中有着举足轻重的地位，一个人的阅读能力是其语文水平的一种体现，是衡量一个人语文水平的最重要标准之一；另外，阅读还是学生增长知识的一个重要途径。一般来说，个人的知识，除了通过亲身实践来获得之外，最主要的还是通过阅读来获得，将前人的知识转化为自己的知识。

2013年北京高考文科状元孙婧妍高考语文成绩148分，在谈到自己的语文学习时，她就特别强调了阅读习惯对学习语文的重要性。她说："我不会像其他同学那样只知道学习语文课本，觉得课本之外的其他书籍都是'闲书'。在我看来，课外书读得好，对语文学习来说也是一大助力。"

不管是读小说还是读其他方面的课外书，她从来都不追求什么速度，而是注重从这些书中收获知识。平日里她会读一些优美的散文，学习一些新颖的写作风格，在看到优美的段落时会将它记下来，背熟。

由此可见，课外阅读对语文学习来说是非常重要的，在读书的过程中，我们不但能学到新颖的写作风格，体会名家的写作手法，还能陶冶情操，获得更丰富的情感体验。

在阅读课外书的时候，我们应该做到下面几点：

### （1）让兴趣引导我们进行阅读

俗话说，兴趣是最好的老师，我们只有选择那些自己最感兴趣的书籍，才会在之后的阅读互动中保持积极性。更为重要的是，兴趣会引导我们的阅读渐渐步入正轨。

有的学生也许对阅读不感兴趣，不喜欢阅读，那么在这种情况下，他们需要如何培养自己的阅读兴趣呢？其实在我看来，一些学生之所以对阅读没有兴趣，是因为他们不曾体味到阅读的快乐。只要这些学生试着感受一下阅读的快乐，终有一天他们会在这个过程中发现自己的兴趣点，进而将这种兴趣点转化为自己的阅读兴趣。

### （2）阅读要读出"门道"

俗话说"外行看热闹，内行看门道"，对于阅读来说也是如此。很多时候，外行在阅读的过程中读到的仅仅是"热闹"，只有"内行"才能从中读出"门道"。

在我看来，阅读中的"外行"就是只看表面的东西，比如看小说只看情节；而"内行"除了关注情节外还关注一些其他的方面，比如段落怎么分、中心思想是什么、人物的性格有什么差别，等等。

我曾经教过这样一个学生，他在阅读的时候会思考如下问题：这篇文章所讲的是什么内容？作者要想告诉我们的是什么？它的段落层次应该怎么划分？这种文章结构是不是值得借鉴和学习？

这样思考的次数多了，久而久之，他便养成了习惯，每次看书都会这样问一问自己，思考一下，将自己的想法写在读书笔记中。正是依靠这种阅读习惯，他的阅读能力提高了很多，同学眼中不管多难的阅读题，他都会觉得很简单。

也就是说，我们在阅读的时候，需要认真思考，这样才能将字里行间的养分转化为我们自己的知识，为我所用。要一边思考一边阅读，这样我们才能成为真正的"内行人"；而且在这种阅读的过程中，我们的阅读能力才会日益提高，当别人在作答阅读题出现困难的时候，我们却会游刃有余。

### （3）制订阅读计划

如果我们拥有一个科学可行的阅读计划，那么我们的阅读时间才会有保证，才能让读书成为我们生活中不可或缺的一部分。更重要的是，如果我们能够有计划地积少成多，将生活中一些零散的时间用在阅读上，那么我们就能收获一笔更加宝贵的财富。

我们可以指定这么一个相对松散的阅读计划：首先，感觉无聊的时候不妨拿本喜欢的书来看看；其次，上厕所的时候也可以暂时放下手机，看几页感兴趣的书；再者，睡前半小时，一定要看看书。这类计划虽然看似简单，却能保证我们阅读的节奏和时间，让我们每天都能享受到美好的阅读时光。

## ▶ 习惯用袖珍小本本、便条贴积累

曾经有个学生问过我这么一个问题："老师，为什么我觉得学习语文基础知识这么烦人？我平时都不想看它们，只有在考试前才会突击性地翻一翻。"我的答案是："你这样做绝对不行，是学不好语文的。"

在我看来，语文基础知识的学习是一项非常琐碎而又浩大的工程，它需要我们循序渐进地积累，不可能一蹴而就。有些同学总是天真地认为，只要在考试之前将这些字词语句集中在一起进行一次突击性的学习，就能掌握。在我看来，虽然这种方法具有一定的可行性，但是其消极影响也是非常大的。

首先，将一个单元甚至一个学期积累下来的字词知识，集中在一个时间段内记忆，这种学习习惯显然是违背记忆规律的。要知道每个人的记忆强度都是一定的，在一定时间内能够记住的知识量是有限度的。如果我们将整整一个学期的知识点都放在考前的几天内记忆，那么即使我们能够勉强记住，也是一时的，过不了几天也就忘记了。

其次，考前的复习时间有限，我们不可能将全部时间都用来复习语文。如果我们为了记住这些语文知识点而放弃其他学科的复习，这种做法显然是非常愚蠢的。

所以，仅仅通过上面列举出来的两点，我们便会发现，平时不学习不积累，空想着在考试前突击的做法是很幼稚的。并且这种为了考试而学习的思想并不可取，如果我们抱着这种思想学习语文，最终肯定学不好。

在我看来，语文和数学学习有着很大的区别。学习数学，只要我们掌握了一些解题规律，就能做出一系列的题；但是语文基础知识的学习中没有类似数学学习的这种规律，我们只有坚持在平时渐进地积累，才能将语文基础打牢。

2007年北京高考文科状元张玥就很重视在生活中积累语文基础知识。每当坐公共汽车或者买东西的时候，她都会从口袋中掏出一个袖珍的小本子随便翻一翻，上面记着字词语句等语文基础知识。而在家里，在她经常活动的空间，比如卧室、客厅甚至卫生间，都贴着各种小纸条，上面写满了她刚刚学的或者是以前学的字、词和古诗等。

袖珍的小本和满屋的小纸条对张玥的帮助很大，闲暇的时候她就拿出小本翻一翻，或者看看那些小纸条，每看一次就对上面的知识加深一次印象，慢慢便养成了一种学习习惯。

正是这种习惯，让她不知不觉中就积累了大量的语文知识。日积月累，语文成绩自然也就很优秀了。

看似不起眼的小本和纸条融入习惯中，就会产生巨大的力量，为我们的语文知识大厦不断地添砖加瓦。所以在日常生活和学习中，我们可以借鉴这种语文学习习惯，为自己的语文学习添加一份助力。

我们在运用袖珍小本和小纸条的时候，需要做到下面两点：

（1）记录的内容要科学、简练

要知道袖珍小本和纸条篇幅有限，我们不可能在上面详尽地罗列太多知识点和词语的解释。所以在书写内容时一定要科学、简练，尽可能写出关键词。

比如我们可以专门写一些自己爱读错的、容易写错的字词，但不可以将大段大段的课文写上去；我们可以将需要背诵的四言诗写在小本子上，但绝不能将这首诗的大篇幅注释也罗列在上面……

（2）持之以恒，避免半途而废

一个好的学习习惯，唯有我们不断地坚持下去，最终才会给我们带来巨大的收获。特别是在积累语文基础知识的时候，如果我们坚持不下去，三天打鱼两天晒网，终日抱怨，那么我们就无法在语文学习的道路上走太远。

也就是说，要想学好语文，要想积累足够多的语文基础知识，我们必须摆正心态，每天坚持积累，这样才会最终由量变到质变，让自己在语文学习上变得越来越优秀。

## 养成写日记的习惯，记录每天的生活

周国平在《养成写日记的习惯》一文中这样写道："不论在什么场合，只要是面对着青年学生，我经常提的一个建议就是：养成写日记的习惯。中学是人生的一个关键时期，许多好习惯和坏习惯都是在这个时期养成的。好习惯，一旦养成了，就终身受益，比如写日记。"

由此可见，写日记的习惯看似微不足道，但是对我们的语文学习，特别是挖掘自身在写作上的潜力，却有着巨大的作用。我们身边经常会有这么一类学生，他们平时口才很好，经常会滔滔不绝地给我们讲述发生在他身边的事情。但是一提到写作文，他们立马就变得无精打采，常常是提起笔来却不知道写什么，一节课过去了，他还没写出几个字。用这类学生的话说就是"对于作文，我掏空脑袋也不知道该写些什么"。

按照一般的常理，口才好，肯定下笔时也会文思如泉涌，一节课起码也能洋洋洒洒写下数千言呀。可为什么这些口才好的学生在写作文时却会觉得无话可说呢？

在我看来，之所以会如此，还是因为他们平日里练习不多，缺少一座将"言"转化为"文"的桥。日记虽然短小，却可以发挥练习的作用，成为"言"和"文"之间的桥梁。

2013年黑龙江省理科高科状元朱恬缘就有写日记的习惯。她最感兴趣的事就是阅读课外书，尤其是一些文艺作品，家里的书架上也摆满了《瓦尔登湖》等散文作品，以及海子等诗人的诗集。所以她的口才很好，多次参加学校里的演讲比赛，获得各种荣誉。

另外朱恬缘还很喜欢写日记。高中三年，她养成了每天写日记的习惯，一天紧张的学习生活结束后，她就习惯性地拿出日记本，提笔写一写当天的心情和遇到的事情。这些内容看似平凡，无非是每天所做的事情和感受，但是日积月累，小小日记也成了一个作文练习册，让她提笔有言，言中有感触、有情感。而她的作文也一直是自己的强项，每次都被当作班里的范文。

由此可见，优秀学生往往都有写日记的习惯，将自己的"言"转化为笔下的字句，将生活中的诸多感悟通过日记写出来。也正是因为养成了这种好的学习习惯，他们的语文成绩才会那么优秀。

所以我们有必要给自己准备一本日记本，养成每天写日记的习惯。当然，日记也不是乱写的，我们在书写的时候应当遵循以下几点原则：

（1）日记要写出感情

我们不妨将日记当作自己的心灵家园，将一天的心灵历程记录下来，不管是大事还是小事、开心事还是伤心事，我们都可以在日记中真实地记录下来，写出当时内心的真情实感。要知道日记不仅是记录事件本身，还能真实地反映我们当时的内心，这样的日记才最真实，才会原汁原味地展现我们的精神状态。

（2）写日记要多一些自由，少一些束缚

写日记，有事的时候详细地记录事件的原委，无事的时候则可以记录一下心情，一切随心而为。写日记最忌讳的是给自己立下规定，比如每周必须写多少篇、每篇必须写多少字，等等。这些规定只会让我们失去记录生活的趣味，沦为为了完成任务而写日记的奴隶。在这种情况下，日记也就缺失了情感灵魂，成为无病呻吟的"盐碱地"。

（3）在写日记的过程里培养"情商"

语文学习本质上就是情商的培养，在写日记的时候，我们应该特别注意这一点。比如，在记录一件事的时候，我们应该记录下事件中每个人的情感变化，分析他们经历事件时的内心情绪。这种方法表面上看是对别人内心的剖析，其实在本质上却是一种对情感的深入探索，非常有利于我们自身情商水平的提升。

当然，我们也可以在日记上写写花草，写写小动物，这类描写能够让我们去发现和了解花草和动物之美、之趣，更好地陶冶情操，磨砺性情。

## 第七章 语文学习习惯：感悟生活，勤于创作，轻松学好语文

# ▶ 观察周围的人和事，作文其实就是"写生活"

中学生在语文学习中普遍存在的一个问题就是写作难，有些学生提起笔来觉得大脑空空，没有什么话可以说，有的学生虽然能够勉强将字数拼凑起来，但是内容却不具体，空洞无物。在我看来，之所以这些学生在作文上出现这样的问题，最根本的原因还是在于他们平时不太注意观察周围的事物，更谈不上洞察细节。

我们必须要了解的一点是：作文的素材并不是胡编乱造出来的，我们除了从书本中收集素材外，还需要从生活中汲取生动而多彩的片段。如果我们在生活中不注意观察，对于发生在身边的种种"视而不见，充耳不闻"的话，那么我们也就放弃了从生活中吸收写作养料的权利，如此一来又怎么能够书写出内容具体而充实的作文呢？

著名教育学家叶圣陶先生说："生活犹如源泉，文章犹如溪流，源泉丰盛，溪流自然活泼，日夜不息。"这句话道出了写作的源头所在，指出了作文就是写生活，是从观察生活开始的。我们对生活观察得越细致，对各种想象感触越深刻，写作文的时候就越流畅自如。

2010年上海文科高考状元刘诗尧就养成了良好的观察生活的习惯。他认为每个人的生命都是鲜活而又独特的，每时每分每秒都在生活，都在体验生命、感悟生活。学习虽然是生活中极为重要的一部分，但学习之外的其他东西也是不容忽视的。

刘诗尧认为语文的学习源泉来自于生活，特别是作文，更是离不开对生活点滴的观察和感悟。一个善于观察生活的人，对生活中的事物总是好

奇的，会仔细感悟事物的美好，体悟生命的神奇。而这些情感和感悟恰恰构成了写作的动力。相反，如果对生活失去了激情，对什么都不关注，这类人是很难写出好文章的。

正是因为自小就养成了观察的习惯，刘诗尧积累了丰富的生活素材，每次提笔写作，他都能从自己的"素材库"中找到很多生动而充实的资料。而作文的成功，也让他的语文成绩一直保持优秀。

所以，要想提高自己的作文水平，我们首先要养成观察生活、感悟细节的习惯。很多时候，当我们对生活抱有百分百的热情时，我们提笔写作便会有哲理般的感悟。如此一来，我们也就不会再为凑字数而绞尽脑汁了。

那么在生活中，我们需要从哪些方面观察生活呢？

（1）带着一定的兴趣和明确的目的对事物进行观察

生活中，我们要善于观察周围的人和物，带着明确的目的和兴趣去观察，这样才能丰富我们的生活和视野，让我们对生活的感悟更深，视野更加开阔，思想更加深刻，这样观察的过程也才会更有趣，结果才会更详尽。

也就是说，作为一名中学生，我们只有对身边的事物抱有积极的认知态度，才有可能更多地了解自己和周围的社会，比别人看得更深入，了解得更多更详尽。如此一来，我们的感悟才会源源不断地转化为才思，从笔端流淌出来。因为生活是写作的真正源头，只有善于观察生活，我们才能找到真正的写作灵感。

（2）在条件允许的情况下，通过接触、闻、听、问等手段配合观察活动的进行

我们必须要明白的一点是，观察生活并不仅仅局限于用眼睛"看"，

还要通过多种感官和渠道去探索生活、感悟哲理。只有对生活的点点滴滴体会得更深，我们的文章才能更真实地反映生活，才能更自如地抒发我们的情怀。

特别是一些写景色的作文，对观察的要求最高。这类文章需要我们将听觉、嗅觉、味觉、视觉、触觉综合在一起，如此才能写出美妙的景色。一个最好的例子就是朱自清的《春》，诸感交集，将景色描写得异常美丽生动。

（3）要善于总结观察对象的共性及特点

我们在生活中观察事物，要注重梳理特点、总结共性，这样才能详尽细致地描写出观察对象，看到别人看不到的景色，生发出有别于他人的感悟。像郁达夫《故都的秋》，文中紧紧地抓住了北国秋天和南国秋天的不同之处，将故都秋天的特色生动地展现了出来。

（4）对观察对象既要全面了解，又要对其局部进行重点观察

我们在观察生活的时候要细致，要做到有序，既要学会从整体上观察事物，又要善于观察局部的细节，这样在写文章的时候才能有点有面，层次分明，全面而又具体。

这方面的代表作是朱自清的《荷塘月色》，文中对月下荷塘以及塘中月色的描写都极为细腻，而且是按照空间顺序来进行描写的，既有整体上的观察，又有局部细节上的刻画。

# 第八章 数学学习习惯：学好数学没捷径，打牢基础多练习

很多学生觉得数学学起来很难，甚至"难于上青天"。其实只要我们学好数学基础知识，将每一个数学概念和公式都理解到位，将每一个例题所要传达的理念、方法都掌握牢固，那么学好数学就是一件非常轻松的事情。

## 正确理解和应用数学概念

现在的中学数学教材中出现的定义、性质、法则、公式、定理有1 000多个，它们犹如组成人体的骨骼，搭建起了中学数学学科的知识框架。在学习数学的过程中，只要能够抓住它们、理解它们，我们的数学学习便不是什么难事。

要知道，在我们面对一道数学题目时，大脑中首先反映出来的相关概念总是这些公式和定理，唯有将其熟练掌握，我们才能迅速地切入到问题中去，使整个问题迎刃而解。也就是说，我们对这些数学概念和公式的理解和记忆程度，决定了我们数学学习的成绩。要想学好数学，我们就必须抓住这些概念，在理解和应用上下功夫。

2007年江西省文科高考状元邓芳认为，要学好数学，首先要学好基本的公式、原理，其次要懂得怎样灵活地运用。所以在数学学习过程中，邓芳总会先将数学公式背熟，将最基本的数学原理弄清楚。

在背熟原理的基础上，邓芳会进行一定的解题训练，目的是为了能够灵活运用相关的原理和公式。当然，她不会搞什么"题海战术"，要知道数学题浩瀚如海，做题是永远也做不完的。她每次都是在做完老师布置的作业后，有针对性地选择一两本课外习题，做做上面的题目就够了。

很多同学总是习惯买一大堆习题集和参考书，结果将自己弄得手忙脚乱，不仅题目做不完，自己也会很累，最终只能"蜻蜓点水"地将所有题目大致浏览一遍，结果一无所获。邓芳觉得与其这样，还不如集中精力吃透一本，效果会好得多。

## 第八章 数学学习习惯：学好数学没捷径，打牢基础多练习

邓芳总结自己的数学学习经验道："学数学主要就是在背熟公式、原理的基础上，通过典型的例题训练，从中掌握一些题型的基本解法和某些特殊的技巧，这样才能以不变应万变，学好数学。"

由此可见概念、公式等在中学数学学习中的重要性。所以我们在日常学习中，必须首先掌握好这些概念，将之理解透彻，这样我们才能打牢数学大厦的地基。

那么，在日常的数学学习中，我们应该从哪些方面着手，有效学习概念、公式呢？

### （1）概念的引出

概念的引出往往是老师教学的重点，我们一定要认真听课，看一看老师是如何交代概念的产生和应用的，这些往往是理解和记忆概念的重要铺垫。如果我们在这一环节有所缺漏，我们的知识体系就会出现断层。

数学定义、定理、公式等是对我们这个世界中数量关系的真实再现，而数学教学过程则是再现前人发现和证明的过程。只要我们紧跟老师的概念引出，我们对这个世界客观存在的数量关系就会有更加清晰的认知，而且自身思维能力也会得到极大的锻炼，培养起更强的观察和探索能力。

### （2）公式的推导

研究定理、公式的推导是让我们的认知从感性上升到理性的过程，也是进行证明和计算的思考模具。在研究公式推导时，我们要重点从下面四点入手：

第一，剖析典型。中学课本上数学公式定理的推导方法很多，都是数学论证的基本方法。我们在推导的时候要特别注意那些在思路、技巧等方面比较具有典型性的公式，比如一元二次方程的求根公式、三角函数的和差化积公式等。从这些公式的推导过程中，我们能够学到不少重要的解题

思路和方法。

第二，借鉴技巧。我们研究一个公式或者定理的推导过程，不亚于做了几道习题。比如我们证明"相似三角形面积的比等于相似比的平方"，这个定理的证明虽然比较简单，但对我们而言其重要的一点在于我们能从这个证明过程中发现什么。当我们思考它带来的启发，借鉴证明过程中运用的方法和解题技巧时，我们日后解其他难题时就可以更加从容轻松。

第三，寻求多种证明方法。一些数学公式和定理往往有很多证明方法，而课本限于篇幅，往往只会列举一种推导方法。比如三角形内角平分线性质定理，现行教材中只列举了一种证明方法，我们不妨仔细想一想：还有没有其他的解题方法？在这种探索过程中，我们的解题思路会变得越来越开阔，解题技巧也会越来越丰富。

第四，排解疑惑。对数学概念的研究需要我们自己开动脑筋去践行，验证各个概念的正确性。当我们对某些环节存在疑问时，不妨试着探究一下，来一次发现真理的探索。这样一来，通过我们自己的努力排解掉疑难之后，我们对概念的理解将更加到位。

（3）概念的辨析

很多同学都有这样的困惑：有时候，数学概念学多了，自己就很容易将它们弄混，在运用的时候变得糊涂起来。其实这种困惑在数学学习中是很常见的，因为数学中的一些概念有着相似性，很容易弄混。所以在概念的学习中，我们还要学会通过辨别和分析来避免混淆，明确各概念的内涵和外延，从而获得更深层次的认知。

我们在学习中可以通过对比来明确各个概念的不同之处，确认各个概念的应用条件和范围，这样在今后的应用中就能很好地避免混淆。

（4）概念的记忆

对于在数学学习中遇到的概念、定理、公式和法则，我们一定要将它们牢牢记住，唯有做到这一点，才有可能运用它们去解决数学习题。如果概念、公式记得不牢，我们就不可能具备解题能力。

## 养成研究数学例题特性的习惯

中学数学课本中，例题随处可见，而且占据着特别重要的部分。其实只要我们稍微研究一下课本就能够发现，概念、例题和习题是组成数学课本的三大部分，由此可见例题在数学学习中所占的分量。

在我看来，例题是我们将所学概念理论和实践操作连接起来的纽带，是将理论知识转化为解题能力的一座桥梁。所以在数学学习中我们必须养成重视例题的习惯，对例题进行细致入微的研究，正如大科学家牛顿所说："在数学学习中，例子比定律更加重要。"

要知道中学课本中的例题是经过层层筛选的，并且和每个小节的知识点紧密地结合在一起，由浅入深、由易到难编排。也就是说，课本中的例题是有目的性和延伸性的，我们对典型例题进行更深入的研究，也就对相应的定理和公式有了更深刻的理解。

2005年陕西高考文科状元谢尼在数学学习中就有研究例题的习惯。她认为很多同学都意识到了例题的重要性，也都会进行研究，但是她自己却能研究得更加深入。

每次面对一道例题，在做之前，谢尼都会仔细地思考一下它应该从哪个角度切入，为什么要用到这几个公式和原理而不是那几个，为什么要用这种方式而不是那种方式进行简化……

做完例题之后，她还会再回头看一下，分析这种解题方法适合于这道题的关键是什么，还有哪些题目适合这种解题方法，以及还有没有更好、

更简便的解题方法……就这样，往往仅通过一个例题就能研究出很多解题技巧和规律，发掘出众多的价值。

谢尼将这些例题都收集在一个本子上，上面不仅有题目和解题步骤，还有相应的解题方法和技巧分析。

从上面这个例子中，我们可以看出优秀学生是怎么巧妙地研究例题进而学好数学的。有些学生虽然终日做题，却对例题的重要性认识不够，以至于做了很多题却总结不出解题规律，再遇到类似题目就傻眼了。

在数学学习中，我们可以从以下四点着手，对例题展开研究：

（1）弄懂例题的目的性

一般来说，例题都会围绕着以下两点进行设计：一是为了巩固知识点和基本概念，这类问题一般难度不会很大，概念性比较强，形式多样；二是学习相应的解题方法，训练学生的解题技能，培养他们正确的解题思维。这类例题往往比较典型，综合了多方面的知识点，难度比较大。

（2）掌握例题的典型性

例题的解法中往往包含了同类题的问答思路和解题模式，因此我们在研究例题的时候，要学会总结例题表现出来的共同点和解题思路，从而做到触类旁通、举一反三，将自己从题海中解放出来。

比如例题中运用了换元法，那么我们就要想一想换元法的基本思想是什么，在什么情况下我们才能将原来题目中的某个式子换成另外的式子，使整个问题简化下来，从而化难为易。一旦摸清了规律，我们就可以巧妙地降次和消元。掌握这种解题思路和规律，我们在日后进行分解因式、解方程和不等式以及求根、几何证明时就可以用到它，从而大大降低了解题的难度。

所以，在数学学习中，针对各类典型例题我们要详细分析研究，掌握方法和规律，这样我们的脑子才会越用越灵光，在日后的解题过程中获得事半功倍的效果。

（3）掌握例题的延伸性

在研究例题的时候，我们需要通过深入的发掘，尽量将问题延伸到更大的范围。比如我们可以通过横向延伸，进行一题多解，试着用多种方法处理同一道题目。这样一来，一道例题便会涉及方方面面的数学知识，沟通各个概念和公式之间的联系。

另外我们也可以向纵向延伸，试着改变例题的条件和结论，一步步向纵深递进，从而得出更多的结论。

（4）掌握例题的综合性

有些例题综合性比较强，涉及的数学知识比较宽泛，而不是只用一种解题方法和一种规律。所以当我们遇到这类例题的时候，需要认真发掘它的综合性，根据具体情况和已知条件解题。

## ▶ 学好数学不等于疯狂做题

一提到怎样学好数学，很多学生大脑中出现的第一个想法肯定是疯狂做题。在我看来，大量做题虽然能够帮助我们巩固所学的理论知识，但如果我们将"学好数学"和"疯狂做题"之间完全画上等号，那就有些片面了。

我的一个学生曾经很苦恼地对我说："老师，我对数学都快无计可施了，我将自己所能看到的数学题，像课后练习、数学练习册和课外书上的习题都做了一遍，可为什么我在数学考试中还是拿不到高分呢？"而我反

问道:"做很多题和在考试中拿高分之间有必然的联系吗?"

在实际教学中,我发现将数学学习等同于疯狂做题的学生不在少数。虽然习题做多了,我们的"题感"会越来越强,但这并不等于我们就能依靠疯狂做题在考试中拿到高分。

曾经教过这么一个学生,每次老师布置下来的数学作业,他都心急火燎地做完,用他爸妈的话说就是"连饭都顾不上吃就做题"。但是每次数学作业做完之后,他却想不起来自己做了什么类型的题。对此他很疑惑,不知道问题出在了什么地方——为什么做了这么多的题,最终收获却这么少呢?

我给他分析原因,告诉他道:"不能总是为了做题而做题,如果总是急急忙忙地低着头做题,别的什么都不注意,不去思考,不去总结,那么即使你做题再多,也学不好数学。"

也就是说,只有我们将做题和思考、总结结合在一起,才能最大限度地发挥做题的功效。如果一味为了做题而做题,那么不管我们做多少题,提高成绩的效果都不会太大。

所以我们不能总是习惯性地将所有的时间都用来做题,疯狂做题不仅会让我们学不到什么知识,还会让我们在机械的重复中变得越来越麻木,理不清思路。

那么,如何才能让自己做的练习题变得更加有意义呢?我们不妨从下面两点做起:

### (1)在做题的时候学会思考

我们在做数学题的时候,不必刻意追求数量,而是要彻底把原理弄明白。如果在做完一道数学题后发现下一道考查的还是同一知识点的话,我们就可以直接跳过去,去研究其他的题目。

比如大多数同学会在做完一道数学题后急急忙忙地去做下一道,这种习惯是不可取的。优秀的学生在做完一道数学题后，会停下来想一想："这道题究竟考查的是哪个知识点？它是不是还可以转变为其他的形式？"如果我们真的在数学学习中养成了这样的习惯，学会了思考，我们也就没有必要没完没了地去做题了。

### （2）摒弃模棱两可的态度

很多学生之所以做了很多的习题考试成绩却难有提高，除了缺乏思考和总结之外，这还跟他们对待习题的态度有关。很多学生每天都会做大量的数学习题，但是对每道习题的做题质量却没有什么硬性的要求，不知道自己做的这道题究竟是对还是错，态度模棱两可。

在我看来，正是这些学生对待数学习题模棱两可的态度，让他们做的习题失去了意义。因为在做题过程中，他们不知道自己的解题思路到底是正确的还是错误的，如果这种思路是正确的，倒还好，但如果这种思路是错误的，那么下次再遇到类似的题，他们一定还会按照之前的思路解题。这样一来，即使做再多的习题，又有什么意义呢？

所以，我们要想让自己做题做得有意义，就必须摒弃这种模棱两可的做题态度。不管是做什么类型的数学题，都一定要搞清楚自己的做题思路是不是正确，是不是最简便、最适合。如果发现我们的做题思路有问题，就一定要及时纠正，寻找正确的思路和方法。也只有这样，我们做题的效果才会最大化，我们的数学成绩才会越来越好。

## ▶ 吃透数学课本这部"提分秘籍"

曾经，有一个想要学好数学的学生问了我这样一个问题："老师，我想学好数学，想在这次期中考试中将数学成绩提高到90分以上，您有没有

什么可以传授给我的秘籍?"

这个问题或者说请求当时真让我为难,要知道中学任何一门课的学习都不可能一蹴而就,需要学生脚踏实地,一步一个脚印才能学好。特别是数学学习,不打好基础便要想在短时间内迅速地提高考试成绩,那是根本不可能的事情。

但是看着那个学生渴求的眼神,我又不愿意打击他的求学上进之心。于是我便告诉他:秘籍倒是有一个,但是需要他吃点苦头。他听了之后立刻兴奋起来,急切地说道:"老师,不管你说的这个方法有多辛苦,我都要去尝试一下!"

我告诉他,方法就是将数学课本吃透。我说:"你仔细分析一下那些高考状元的经验,不管他们谈了多少学习经验,其实最基本的一点就是将课本吃透。你要是能做到这一点,你的数学成绩也能快速地提高上来。"

听了我说出来的这个考试"秘籍",这个学生大失所望。他撅着嘴对我说道:"老师,您一定在和我开玩笑,数学课本人手一本,怎么会是'秘籍'呢?"

我对他强调道:"这不是开玩笑,你不妨试试看,如果你真的能将课本知识都'吃透',那么我保证在期末考试中你的数学成绩能够突破90分。"

见我说得如此坚定,这位学生便也认真起来,按照我说的话"啃"起了课本。一学期下来,奇迹真的出现了,这个学生成了一匹"黑马",期末数学考试考了97分。

也许很多同学不明白,为什么将数学课本"啃透"了就能考高分呢?其实道理很简单,任何一道数学题,不管它看起来难度有多么大,它的解题基础总归是数学课本上的知识点。而且任何一次考试都是为了考查我们对课本知识的掌握和运用程度。所以,只要我们能够将数学课本"啃"透,那么我们也就可以灵活、从容地面对各种考试了。

也就是说,只要我们能够将课本知识吃"透",我们每个人都能变身为数学天才。那么具体来说，我们应该如何去"啃"透课本呢？

### （1）将数学课本中的知识点串联成"串"

要想吃透数学课本，就必须将课本中的知识点串联成串，融会贯通。也许有的同学觉得这样的要求过于苛刻，认为只有那些高手才能做到融会贯通，其实不然。只要养成良好的数学学习习惯，做到这一点是很容易的。

我们可以养成这样一个习惯：每天拿出数学课本，看着目录，试着将每个目录下面的知识点写出来。而且在这个过程中想一想每个知识点之间的联系：这个公式是不是由那个公式引申而来的，这个定理是不是由上面那个定理推导而来的……这样一来，我们就很容易将课本上的知识点串联成串了。

当我们啃课本"啃"到这种境界时，便会收获一"箩筐"的好处：首先，我们借此将所学知识连缀成了网络，不仅能够更好地了解知识点间的联系，还不容易遗忘。其次，我们在解题的时候，能够凭借知识点之间的联系找到更多的解题方法。比如当我们忘记了一个解题公式，我们可以利用其他相关的公式来推导这个公式。当我们将课本知识点融会贯通时，我们的解题思路也就相应地拓宽了。到了中学阶段，越来越多的题目都会将两个或者多个知识点融合在一起考查我们，这个时候如果我们掌握的仅仅是一个个孤立的知识点，不将他们联系融合在一起，那么我们就很难找到最正确的解题思路。

所以在数学学习中，我们要注重理解各个知识点，留意他们之间证明和被证明的关系、推导和被推导的关系，这样才会更迅速地将之融会贯通。

### （2）不要让思维"跑野马"

我们要想吃透课本，除了要依赖自身的探索外，还要认真听好数学

课,在学习知识点的同时,看一看老师是怎么将各个知识点连接和融合起来的。

有些同学总会在上课的时候出现思维"跑野马"的状况,老师在讲台上讲知识点,而在台下看似仔细听讲的他,思绪却不知跑到什么地方去了。这样一来,这些同学势必不能很好地理解课本上的知识点,更谈不上将那些知识点联系贯通了。

所以在数学课上,我们必须谨记:思维一定要紧紧跟着老师走。也就是说,在上数学课的时候,不管老师说什么、讲什么,我们都要积极地听,主动地和老师进行互动。

(3)要及时将课后练习做一遍

数学课本每节之后都会有一些习题,看起来很简单,因此一些同学通常会选择无视它们,改做那些难度更大的习题。其实在上完课后,我们仅仅是在理论上掌握了知识点,还不曾经历实际的运用。课后的那些习题虽然看似简单,却是必不可少的巩固和运用所学知识点的途径。

所以我们有必要养成做课后习题的学习习惯,不能因为看似简单就不做了。而且在做题的过程中,我们还要多问问自己,这个题和所学的哪个知识点有联系,那个题又是考查的什么定理。当我们弄清楚了这些,也就将所学的知识点贯通了。

## ▶将难题当成"会下蛋的母鸡"

数学学习中,很多同学在遇到难题的时候都会苦恼不已:有些同学会"死抠",会为了解决一道难题而花费一节自习课的时间;有的同学则干脆选择逃避,遇到难题就直接跳过去……

我的一个同事老张，曾经向我说起自己辅导上中学的小侄子学习数学的经历：为了让小侄子找到"题感"，老张给他找了4道数学题，叮嘱他做完后拿给自己看。半小时过去了，小侄子拿着做完的题给老张看。老张接过本子来，发现小侄子只做了3道题，便问他怎么回事，为什么最后一道题没有做。

"我不会，所以就没做。"小侄子回答得很干脆，一副理所当然的表情。"那你认真思考过那道数学题没？"老张问。"我根本就不需要思考，因为那道题给我的第一感觉就是不会做，即使我思考了，也是白白浪费时间和精力。"小侄子振振有词。

听到这，我一下子就明白老张侄子的数学成绩为什么不好了——碰到难题就不想做，抱着这样的学习态度，怎么可能取得好成绩呢？更重要的是，如果一遇到难题就选择跳过去，不去面对，那他就会失去很多了解课本内容的机会，对各个知识点间的联系也就无法实现更深的认知。

优秀的学生在遇到难题的时候通常不会逃避，也不会急着去找解题的方法，而是先思考以下这么几个问题：这道题所给出的和潜在的已知条件是什么？它考查的是哪些知识点？这些知识点是不是还能引申出其他的已知条件？……想到这些问题，他们通常会拿出课本翻一翻，然后有所启发，想到解题的方法。

2014年，河北高考理科状元张腾飞被清华大学在第一时间录取。他的班主任对张腾飞的学习做出了这样的评价：细心、扎实，注重基础知识，懂得总结。

"所有的题，不分难易，我都会认真地做下来，因为简单题错了，心里更难受。"张腾飞说，自己和其他同学不同，不会仅仅去做难题。在对待难题方面，他养成了这么一种学习习惯：一般而言他会直接上来研究答案，分析其中包含的基础知识，想一想这道题究竟考查了哪些课本上的知识点、需要用到哪些公式和原理，而不是一味地"死抠"。对张腾飞来

说，难题就是一只"会下蛋的母鸡"，他能从中看到各种基础知识的身影，也能从中学会各种解题思路和技巧。

张腾飞认为解决难题的关键还是在于打好基础知识，多翻一翻课本，从中就能找到解题的思路。

在数学学习中，很多学生都会产生这样一种误解：难题考查的是思路和方法，而课本讲的却是基础知识，这两者之间根本没有一点的联系。这种观点乍一看也许挺有道理，但实际上却是不科学的。要知道，难题虽然在表面上看似和课本没什么联系，但实际上二者之间有着千丝万缕的交集：一道数学题再难，它所考查的内容也是以课本基础知识为基础的。也就是说，在数学学习中，课本是解决一切问题的源头——当然，难题也包含在其中。

### （1）遇到难题不要急于解题，要先思考几个问题

有些同学在遇到难题的时候总是急急忙忙地去解题，想一步跨越所有的障碍。这种解题习惯是不可取的，优秀的学生在解题之前会先思考如下几个问题：

这道题的已知条件是什么？

这道题有哪些潜在的已知条件？

它考查的是哪些知识点，和数学课本中的哪些章节有关联？

这些知识点是不是还能引申出其他的已知条件？

只要我们将这些问题解决了，那么难题也就不再是难题了。因为我们在思考这些问题的时候，就已经将已知条件全部列了出来。而一旦知道了这些已知条件，接下来只要一步一步推导下去，自然而然就能够得到答案。

### （2）翻一翻课本

遇到了难题时，不妨想一想已知条件和未知条件，同时翻一翻课本，

找一下题目所要考查的知识点……也许我们会从这个过程中得到启发，继而找到解题的思路和方法。

也许有些学生会提出质疑，觉得自己即使翻再多遍数学课本也不会找到解题的门路。可是在我看来，遇到难题去翻翻课本，真的不是在浪费时间和精力，而是在激发思维灵感，这确实是一个创造价值的过程。

遇到一个难题时，我们思考了问题，翻看了课本，但有时还是找不到解题方法。虽然表面上看，这是花费了时间，收获为零，但实际上却不是这样。我们在这个过程中其实收获了很多"副产品"，而这些"副产品"对我们学习数学的价值要远远大于将那道难题解出来的价值。

因为在翻看课本的时候，我们也许会发现自己对某个知识点掌握得不牢、理解不到位，而这种发现恰恰是一种更加主动积极的复习过程。而且在翻看的过程中，我们还会尽量在难题和各个知识点之间架设"桥梁"，这其实也是一种高效的思维练习，能够极大地提高我们的思维能力。

## ▶ 认真对待每一次数学作业

学习数学是一个严谨的过程，不管是对数学概念的理解，还是具体的解题过程，都需要我们细心地对待。在数学学习过程中，很多学生经常会抱有这样的观点：平时的数学作业无关紧要，只要在考试中小心一下，不粗心大意，就能取得好成绩。

其实在我看来，这种想法是很幼稚、很不现实的。要知道任何在平日里粗心大意的人，都不可能在考试时做到小心谨慎，因为习惯是带有惯性的，不是说你想改变的时候就能立刻改过来的。所以我们只有在平时养成细心做题的习惯，有意识地培养严谨做题的精神，考试的时候才能真正做到细心。

2011年浙江高考文科状元朱娴静在数学学习中就养成了认真做作业的习惯。她认为老师布置的作业都是很有针对性的，比自己找来的辅导书要经典很多。所以她要求自己：每次老师布置下来的作业，一定要保质保量地完成。

另外，朱娴静觉得平时认真对待作业，还能培养自己认真细心的做题习惯，这一点对数学学习是非常重要的。数学是一门严谨的学科，特别是在解题的过程中容不得我们有半点马虎。而平时认真做作业，本身就是一种严谨的练习，日积月累，必定能够让我们在考试中变得更加细心，继而减少错误率，获得好成绩。

可见，优秀学生在平时都能认真地做作业，不仅巩固了之前所学的理论知识，而且还养成了难能可贵的认真严谨解题的习惯，这也正是优秀学生能够学好数学的一个重要原因。

那么在平时，我们应该怎样去培养自己细心做题的习惯呢？

## （1）将平时的每一次作业都当成考试

学习中的好习惯都是在日常学习中慢慢养成的，要想培养细心严谨的解题习惯，我们必须学会将平时的每一次作业都当成考试，让自己每天都能感受到考试的气氛，这样才能慢慢养成细心做题的习惯。

我的一个学生曾经对我说过他的数学学习经验。他每次做作业的时候都会对自己说："现在考试开始，一定要细心啊，不能有半点的马虎！"这样一来，他在做作业的时候就会带着一定的紧张感，会不断地在心里暗示自己要细心。

做完作业在和标准答案对照之前，他也会这样对自己说："如果因为粗心而做错了题，那么就要惩罚自己再做一遍，然后将它们抄在纸条上，贴在床头，每天起床都看一看。"

最初，他的床头上贴满了小纸条，所有的空间几乎都被占满了。但是随着时间的推移，他床头上的小纸条反而变得越来越少了，最后，小纸条的"身影"彻底消失了。

将平时的每一次数学作业都当成考试，这样可以培养出自己细心严谨的学习习惯。这也是优秀学生和普通学生之间最突出的一个差别。只有平时细心严谨，我们才会在考试中拿到高分。

### （2）找到自己的思维漏洞

在做数学作业的过程中，我们需要认真研究一下自己的思维弱点，找到"漏洞"，并打好这个"补丁"，这样我们的数学成绩才能变得更加优秀。

比如我们可以分析一下每次作业中因为粗心而做错的题目，然后试着分析一下这些错题的共同点，这样一来我们也就找到了自己思维上的"漏洞"。日后在做题的过程中，当我们再次遇到这类题目时，不妨先让自己思考几秒钟，想一想之前的应对方法，然后再继续做题，这样一来正确率也就大大提高了。

实际上，几乎每个同学在做数学题的时候都会存在一定的思维漏洞，比如一些同学会经常将题目看错，一些学生在解证明题的时候经常出现错误，计算过程中经常出现失误，等等。在数学学习中，只要我们能够养成在做作业的过程中发现自己思维漏洞的习惯，然后有针对性地去打"补丁"，那么我们也就找到了学习数学的捷径。

### （3）避免抄袭

有些学生总是想当然地认为平时的作业没有什么用处，可做也可不做。有些同学甚至为了省事、应付老师的检查，干脆拿来别人的作业照着抄一遍。

在我看来，这种对待作业的态度是非常不明智的。作业是巩固知识的必然阶段之一，也是培养我们严谨解题精神的必要手段之一。如果我们轻视作业，甚至抄袭别人的作业，那么最终受害的将是我们自己。

## ▶ 重视基础知识，巧用错题本

中学数学题目的最大特点就是，它们会"绕弯"，绝对不会直来直去，已知条件或者问题常常会拐弯抹角地出现在我们眼前。比如在数学学习中，我们经常会遇到这么一类题，它要求我们计算从某地到某地的距离，但是在表述的时候通常会绕一下弯，比如会问：速度相同的两辆车，从一个城市到另一个城市，走哪条路所用时间最短？

大家都知道，两辆车速度一样，两个城市的距离是一定的，要想知晓哪辆车所用时间最短，其实就是要计算出这两地之间的直线距离。遇到这类问题，很多同学都会被搞得晕头转向，不知道从什么地方下手才好。

特别是在考试中遇到这类题，绕弯的结果就是出现了一个又一个的"陷阱"，让同学们陷进去。所以每次考试之后，总会有学生抓狂地喊道："怎么又是这样的题！我怎么又做错了呢！"

站在老师的立场上来看，老师对待考试其实是抱有一种矛盾的心态的：一方面，老师希望自己的每一个学生都能在考试中取得好的成绩；另一方面，他们在出题的时候又会故意"绕弯"，设置一个又一个"陷阱"，以考查学生对知识的掌握程度。

我刚刚参加工作的时候，曾看到一位资深老教师给学生们出的一道选择题，我很疑惑地问："李老师，您这道题这样出的话，这两个选项那么相似，肯定会误导学生啊，他们做错的概率会很大的。"

听我这么说，那位老教师却哈哈大笑起来，对我解释道："只有这些'陷阱'存在，才能分辨出哪些学生掌握了知识、练出了能力，哪些学生还没有将知识掌握牢固呀。"

这个时候我才恍然大悟，考试的意义不就是这样么？只有那些将课本知识掌握牢固、能力足够强的学生，才不会让自己在考试中掉进"陷阱"中去。即使不小心掉进去过一两次，他们也会长记性，找原因，避免以后再掉进去。

那么在数学学习中，我们要怎么避免自己掉入这些"陷阱"中去呢？

### （1）牢固掌握基础知识

很多同学都有这样的经历：听课的时候，觉得自己将所有的知识都掌握了，做课后练习的时候也很顺利，觉得自己将所有的习题都做对了。但是如果有谁让他将所学的知识、所做的题目讲一遍，他想破脑袋也说不出个所以然来。

其实这就是一种将要掉入"陷阱"中的征兆。之所以会出现这样的状况，是因为我们的基础知识掌握得还不牢，因此才会出现自认为做对的题目最终做错、觉得已经掌握了的知识却想不起来的状况——这个时候我们对数学基础知识的掌握充其量也就是一知半解。要知道，在考试中，很多"陷阱"就是为这些一知半解的同学设定的，而这些同学显然对这些"陷阱"缺乏必要的防御力，一次又一次地品尝考试失分的苦涩。

所以，避免掉入"陷阱"的最好方法，就是将数学基础知识完全掌握，打牢基础。那么，在日常学习中，我们做到哪一步，才算得上将基础知识完全掌握了呢？

其实检测自己所学知识是否牢固的一个最简单方法，就是在做题的时候，边做题边说出知识依据，说出你所运用到的数学公式和原理。也就是说，我们不仅要知其然，还要知其所以然，这才是学习数学的最高境界。

当我们在数学学习中达到这种境界的时候,我们便真正掌握了各种习题所要考查的基础知识。

(2)巧用错题本

在数学学习中,有效避免"陷阱",除了要打牢基础知识外,还要养成利用错题本的习惯。我们可以在学习中准备一个错题本,将平日里那些自己因为掉入"陷阱"而做错的习题收录进去,常常翻看,一遍遍地加深记忆,时刻提醒自己不要再在同一个地方犯错误。

也许有同学会觉得这种方法很"笨拙",其实不然。在实际学习中,我们可以巧妙运用错题本将同一类型的错题归类,揣测老师的出题目的,想一想:这类习题考查的具体知识点是什么?老师在什么环节上"绕弯"了,留下了陷阱?我们对知识的掌握在什么地方出现了漏洞,为什么当时没有发现这些"陷阱"呢?

当我们将这些问题弄明白时,在错题下面写下心得,将归纳出来的解题规律和漏洞记录下来,这样就能彻底"填平"漏洞了。

也就是说,巧用错题本的重点不在于记忆,而在于思考。如果我们在做题的过程中能够分析一下老师出题的目的,那么再高明的陷阱也无法阻碍我们前进的脚步。

另外,错题本还是我们日后复习的宝典,它不仅会让我们避免落入陷阱,还会让我们更加牢固地掌握好基础知识,练就更强的思维能力。

# 第九章 英语学习习惯：多听多读多对话，学好英语并不难

英语作为一种有别于汉语的独立语言体系，一直都是中学生学习的重点和难点。怎么才能学好英语这门语言呢？其实只要我们在日常生活中多读、多听、多对话，学好英语就不会是什么难事。

# ➤ 养成多听的习惯，拒绝"哑巴英语"

很多学生在英语考试中存在着这么一种奇怪的现象：笔试试题都能顺利地做好，可一到做听力题时，很多学生的眉头就皱成了一个"川"字，使劲儿咬起了笔杆子。

为什么这些学生在英语听力考试中会出现这样的表情呢？究其原因，还是在于这类学生在平时学习的是"哑巴英语"。在英语课堂上，我们会经常看到这样一幕：老师在讲台上放听力磁带，下面很多同学却没仔细听，他们心中想的是："反正以后我也不会做外交官，听懂听不懂都是一样，只要英语笔试能在考试中拿高分就可以了。"不仅如此，这类学生也从不去"外语角"和别的同学进行交流，不主动练习英语对话。

正是因为肚子里有这些"小算盘"，很多同学变成了"英语听力盲"，也正是在这种学习习惯的影响下，他们学到的一直都是"哑巴英语"。固然，大部分同学都不会成为外交官，再说在高考大旗的影响下，大家都向分数看齐，英语听力所占分值又不是太大，所以从表面上看，这类学生放弃英语听力这块难啃的"骨头"，似乎是一种非常明智的决定。但实际上真的是这样吗？放弃了英语听力，不仅让我们远离了难啃的"骨头"，还让我们放弃了很多"肥肉"——学好听力不仅能够让我们提高英语总体成绩，还会对我们整体的英语学习产生巨大的积极影响。

2014年鄂州市文科理科状元李澳就非常重视英语听力的学习，他在高考中英语取得了138分的好成绩。最初学习英语的时候，他的英语听力也存在着不足，去"英语角"的时候经常听不明白别人的对话，这让他很尴尬。

但是李澳并没有因此而放弃，他觉得练习好英语听力对整个英语学习来说是非常重要的，只有听力上去了，才能活学活用，这样学习英语才会事半功倍。就这样坚持了一个月，他的英语听力和口语水平就有了显著的提高。而且最重要的是，自从听说能力提高后，他觉得英语学习变得更加有意义了，自己学起来也更有兴趣了。

由此可见，当我们的英语听力水平渐渐提高后，我们学好英语的信心就会倍增，兴趣也会越来越浓厚，这样一来我们就会进入英语学习的良性循环中。

事实就是这样，对中学生来说，能够听懂英语是一件非常有成就感的事情，而哪一门学科带给我们的成就感越大，我们学习的信心就越强，也就越容易征服这门学科。具体到英语学习上，听力是一个学好英语的突破口，当我们征服了听力，也就意味着我们走上了征服英语的成功之路。

既然英语听力在英语学习中所占分量如此之大，那么我们应该怎么做才能顺利啃下这块"骨头"呢？其实，只要我们能够在英语学习中养成如下学习习惯，提高英语听力水平并不是很难的事情。

## （1）养成用听和说两条腿"走路"的习惯

曾经有一个学生向我讲述了他练习英语听力的过程：

每天一有时间，我便会戴上耳机听一听英语磁带，但是让我困惑的是，不管我将音量调到多大，我都会有很多地方听不明白。可等到我将课本拿出来一对照，又发现原文真的是很简单。于是我便再次合上书，重新听一遍，然而让我失望的是，我还是没完全听懂！我不知道问题究竟出在了什么地方，为什么我就掌握不好英语听力呢？

在我看来,这位同学之所以花费了时间和精力却没有练好听力,是因为在学习习惯上出了问题,用错了方法。这位同学虽然经常听磁带,却忽视了"听"和"说"之间的配合——它们是我们在学习英语时永远也不可分离的两条"腿"。特别是在练习英语听力的过程中,如果我们只听不说,那么就犹如一个人只用一条腿走路,要想把英语学好将会很难。

要知道人们对语音的识别和理解需要两个条件:一是要多听一听这种声音,这样就能让自己的耳朵逐渐适应这种声音;二是要通过自己的嘴亲自发出这种声音,熟悉这种声音的每一种发音细节,我们才能真正识别这种声音。学习英语也是这样的道理,要想听得懂,就必须自己亲口说出这种语言。

所以,提高英语听力的最有效途径就是养成边听边说的学习习惯,当我们习惯将听力和口语结合在一起进行练习时,我们的听力水平也会迅速地提高上来。

(2)闲暇的时候多听磁带

中学英语课本其实就是很好的听力材料,我们可以多听一听和课本配套的英语磁带,体会一下标准的读音,最重要的是让自己慢慢熟悉英语的语言环境。

很多时候,我们之所以会听不懂,是因为我们身处于一个到处都在使用汉语的生活环境中,不管是生活还是学习,我们都已经习惯了汉语的语境。而英语和汉语不同,它是一门全新的语言,不管是语法还是词语,都和汉语有着本质的差别。如果我们仅仅依靠上课的那点时间来学习英语、练习听力,对于提高我们的听力水平显然是不够的。

在听的时候,我们还要注意这么一点——要听整句话,别跟个别单词"较劲"。有些学生在听的过程中太在乎单词,如果一段话里个别的单词听不懂,他就在那里一遍又一遍地重复听——这其实不是在听英语,而是在"任性"地跟那个听不懂什么意思的单词较劲。

这种在听力练习中跟个别单词较劲的习惯是非常不科学的，特别是对于尚处在英语学习阶段的中学生来说，在和别人进行英文对话时，个别单词听不懂并不影响我们对他人所要表达的语义的理解。这个时候，再一个劲儿地和听不懂的单词较劲，就非常没有必要了。

（3）空闲的时候多看一些英语原声电影

周末我们的时间会比较充裕，这个时候不妨找几部英语原声电影来看一看，这对于提高我们的英语听力水平会有很多帮助。

要知道，在观看英语原声电影的时候，我们不仅能够看到精彩的影视内容，还能进入一个虚拟的英语世界，感受一下地道的英语对话。这个过程虽然充满了挑战——也许一开始我们几乎听不懂几句——但是结合人物的精彩表演和丰富的表情，相信这个过程是愉悦的，会让我们愈挫愈勇，慢慢提高自身的英语听力水平。

## ▶ 提高阅读水平，要习惯将英语当成一门语言来学习

在英语学习中，很多同学都为如何提高自己的英语阅读水平而头疼不已。的确，在考试中，阅读理解题占着很大的一块儿，题量大，分数多。阅读理解题做得好不好，直接影响着我们的英语考试成绩。但如果我们是为了考试而去阅读，那么即便我们的阅读水平能得以提高，提高的速度也会非常缓慢。

为什么这么说呢？从考试的角度看，带着问题去阅读，的确是一种非常不错的学习习惯，不管是在日常的阅读练习中还是在考试中，这种阅读习惯都是非常值得尝试的。但是从提高整体英语阅读能力的角度来看，这

样的阅读习惯却并不值得提倡。要知道，这样的话，我们就得将阅读的精力放在寻找问题的答案上去，这势必会影响我们对阅读资料的整体把握、对资料的整体理解。

另外我们必须注意的是，英语虽然是一门学科，但也是一种语言，是一种信息的载体，我们不仅要会读，还要会听、会说、会写。从某种意义上来说，中学时代，我们的阅读能力是英语听、说、写能力提高的关键。通过广泛的阅读，我们才能了解更多的英语知识，积累更多的词汇，才能更好地和周围的人进行英语对话，完整流利地表达自己的意思；同时，我们的词汇丰富了，知识面扩展了，才能写出地道精彩的英语文章。

2007年高考北京理科状元林茜就是将英语当成一门语言来学习的典范。中学时代，林茜在英语学习中不仅重视英语的阅读，还非常重视提高自己的英语听力，抓住机会练习英语会话，并且每天还坚持写英语日记。林茜觉得只有从听、读、说、写各方面入手，才能尽可能逼真地为自己营造一个英语语言氛围，最大限度地学好英语。

刚刚学习英语的时候，她的英语作文用词总是比较晦涩。于是她便将《新概念英语2》上的96篇课文全部深入地学习了一遍，最后竟然能将这些课文全部完整地背诵下来。在英语学习中，李茜最大的感触就是，在阅读中将听、读、写结合起来，对英语阅读和写作能力的提高帮助很大，她的英语学习水平有了一个更大的提高。

所以，在学习英语的时候，要想提高我们的英语阅读水平，就必须将英语当成一门语言而不是单纯的一门学科来学习。那么我们在学习英语这门语言的时候，应该从哪些方面提高自己的阅读水平呢？

### （1）要养成遇到生词猜词义的阅读习惯

很多同学将汉语阅读中一遇到生字就查字典的习惯带到了英语学习

中，一遇到自己不认识的英语单词就停下来查词典。其实这个习惯并不利于提高我们的英语阅读能力，不仅会影响到我们的阅读速度，还会影响我们对文章的理解。

在英语阅读中，我们最好能够养成猜词义的阅读习惯，而不是"死抠"那些不认识的生词。曾经有学生向我抱怨在英语学习中遇到的困惑，说老师上课规定的阅读时间太短，他根本不可能在规定的时间内将不认识的单词全部查明白。从表面上来看，这位学生说的似乎很有道理，但实际上这却是地地道道的歪理。

要知道，阅读的时候遇到不认识的单词查个清楚，这一做法固然没错，但如果逢词必查，那么查着查着我们就会忘记自己最初的阅读目的。等最终反应过来的时候，我们就会懊悔地在心里面问自己："这究竟是在阅读文章呢，还是在找生词查着玩呢？"

所以，我们在进行英语阅读的时候，遇到不认识的生词时最好不要立即去查阅字典，而是去猜测这些词的意思。这种学习习惯对于提高我们的阅读能力是非常棒的，因为在很多时候，根据上下文我们就能够很轻松地将这些生词的意思猜出来。

当然，有些单词如果我们实在猜不出来，不妨先在这些单词下面做个记号，然后跳过去看下面的文句。等到全篇阅读完成后，我们再回过头来拿出词典查阅一下，并且将这些词的意思和用法记录下来，以扩充我们的词汇量。

（2）不要用手指着读，而要快速无声地阅读

有些同学经常抱怨自己的阅读速度慢，质量也不怎么好。其实在我看来，之所以出现这样的问题，是因为这些同学的阅读习惯存在着比较大的问题——他们在阅读的时候，总是习惯于一边用手指着单词一边阅读，遇到不认识的单词或者不能理解的句子时，他们会习惯性地咬笔杆子，一个劲儿地冥思苦想。这种阅读习惯是很不科学的。从本质上来看，这其实是

一种"目光短浅"的阅读习惯，因为它会让我们将阅读的注意力集中在局部的单词和句子，而不是整篇文章，往往会因小失大，造成阅读上的理解"断崖"。

我们要在英语学习中养成这样的阅读习惯：快速无声地阅读。每当拿到一篇英语文章，我们都应该在第一时间了解这篇文章的主要意思。在阅读的时候，不要用手指着单词阅读，也不要读出声来，而应该让目光在这篇英语文章中"跳跃""扫描"，看关键词句，快速地把握每段的段意，继而弄懂全篇文意。

（3）阅读的最终目的在于"用"

对中学生来说，阅读的最终目的还是在于掌握好英语这门学科，最终能够熟练地运用英语，能够流利地和周围的人交流。所以在阅读的时候，我们应该留意一些好的语句，将之记录在阅读笔记中，然后背诵下来，将之运用到会话和写作中去。

我们千万不要为了阅读而阅读，这样只会误导我们过于看重阅读题本身，而忽视更加重要的自身积累。我们都知道大量阅读经典名著对语文学习有着巨大的促进作用，其实英语学习也是一样，大量阅读英语文章，对我们丰富词汇、积累写作素材也有着举足轻重的作用。

## ▶ 阅读重点在于培养语感

许多学生在学习英语的时候都会有这么一种感觉：当学习进展到一定程度时，如果再想"更上一层楼"，似乎会变得非常困难，常常有一种事倍功半的感觉。

在我看来，这种情况在中学英语学习中是普遍存在的。究其原因，是

## 第九章 英语学习习惯：多听多读多对话，学好英语并不难

因为我们的阅读量不够，所以造成我们处于英语学习原地踏步的窘境。其实这涉及"如何进行英语阅读"的问题，如果我们能够在阅读中培养好语感，那么我们就找到了一条学好英语的捷径。

在日常的学习过程中，很多学生经常会问我这样一个问题："老师，我经常听学长们说学英语重在培养语感，那么语感究竟是什么呢？"

其实不仅仅是学习英语需要语感，学习汉语抑或其他的语言，语感的培养也都是非常重要的。具体而言，语感是我们对语言的一种领悟感应能力，是对语言的一种直觉，是语言训练到一定程度时熟能生巧的感觉。从某种意义上说，语感是一种正确的语言习惯。如果我们能够在英语学习中培养自己良好的语感，那么一篇英语文章即便字词句再复杂，我们也能第一时间了解它所要表达的大体意思。

2002年内蒙古高考理科状元徐鸿就习惯于在英语学习中培养自己的语感。他在学习间隙会大量阅读英文书籍、报纸，尤其值得一提的是，他特别喜欢读那些英文经典著作。徐鸿认为语感的培养对英语学习来说是异常重要的，为此他养成了大量阅读英语报纸杂志和书籍的学习习惯，这样一来可以借此掌握更多的词汇，二来也可以迅速地培养起语感。

比如徐鸿曾经在一篇文章中看到过这样一个句子——"I used to smoke"，他一开始觉得"used to"是一个固定的语法结构，表示"曾经做过某事"，所以起先他将这个句子理解为"我曾经抽过烟"。但是在有了语感之后，他就能够在第一时间理解到这个句子所要表达的最直白的意思："我现在不抽烟了。"

由此可见，拥有良好的英语语感对我们学好英语、正确理解会话有着巨大的帮助。它的存在不但能大大提高我们的阅读速度，而且还能在很大程度上提高我们的阅读质量。

那么，我们在英语学习中该如何培养自己的语感呢？

### (1) 寻找一个志同道合的合作伙伴

在培养英语语感的过程中，我们不妨为自己寻找一个志同道合的伙伴，两个人相互监督、彼此促进，这样一来我们就不会觉得枯燥，而是在快乐中感受英语学习的魅力。

我的两个学生就非常善于通过合作来增强彼此的英语语感。最初，在英语学习中，他们先是一起找一些简单的对话资料阅读，例如打电话时的对话、购物时的对话，等等。在读这些对话的时候，他们不会去关心具体的语法或者单词，而是仅仅通过情景去猜测生词的大概语义。

当他们将对话的大体含义弄清楚之后，两个人便进入角色，进行具体的演练：你在电话的这一点，我在电话的另一端；或者你是顾客，我是收银员……熟练了之后，他们两人还会编一些对话来练习。次数多了，不管是阅读理解能力还是口语会话能力，两人都提高了很多。

两个人一起学习、感受英语的魅力，既避免了学习枯燥乏味，又能营造一种快乐的学习氛围，是增强英语语感的一种捷径。

### (2) 大量阅读英文原著书籍

学好外语，培养"感觉"，要求我们在学习英语的过程中应多读多看，最好是大声地朗诵，以加深对英语字句的理解和感悟。这样一来，在日后的英语学习中我们就会在不知不觉中开始运用英语思维去思考问题了。

在阅读的时候，我们要尽量多看一些英语原版著作，因为这些原著里面写的东西都是原汁原味的，特别是原文的那种气息，对培养我们的语感有很大的好处。里面很多优美的句子我们也可以背诵下来，这样做可以大大增强我们的语感，而且我们还可以将之运用到写作中去。

### （3）不要为了丰富词汇量或者掌握更多语法去阅读

在英语阅读中，很多同学总是带着这样的目的——通过阅读来丰富自己的词汇量和掌握更多的语法。这样的想法虽然很好，但是却将阅读的主次颠倒了——阅读对我们而言，第一目的是培养语感、丰富见闻，其次才是掌握词汇和学习更多的语法。假如我们将增加词汇量和掌握更多的英语语法当成阅读的唯一目的，那么我们就没有更多的精力去培养自己的英语语感了。

总之，要想培养英语语感，仅仅依靠阅读是不够的。在很多时候，我们还需要去听、去说。只要我们用心，英语学习过程中的很多习惯和方法都能帮助我们培养出英语语感。

## ▶ 英语词汇积累，要习惯"记了忘，忘了再记"

很多学生在提起英语学习时，抱怨最多的还是"单词难记，语法难学"。由此可见，记忆单词已成为中学生学习英语时的"拦路虎"，而大家也都很清楚，只有记好单词，才能从根本上为学好英语打下坚实的基础。

其实单词记忆中出现遗忘是再正常不过的事情。很多同学抱怨单词太多，记住新的忘了旧的，觉得很苦恼——这有什么大不了的呢？忘了记，记了忘，忘了再记，只有在这样不断的反复中，我们才能将单词深深地镌刻在我们的大脑中。

学习英语不可能一蹴而就，它是一个渐进式的积累过程，需要我们在不断的重复中找到最适合我们的学习习惯和方法。但是我们必须要注意的一点是，词汇是语言的基础，如果我们连最基本的词汇都掌握不好，那么

英语这门语言是不可能学好的。

2005年黑龙江高考理科状元程相源在谈起自己的英语学习习惯时，特别强调了词汇的记忆掌握。他在学习英语的过程中很注意扩充自己的单词量，在做题、阅读学校发的英语范读材料、英语杂志的过程中，遇到的生词他通常都会记在本子上，找时间查个明明白白，争取将这些单词都记住。

程相源习惯将每个单词都反复记忆几遍，"见面"的频率上去了，单词自然也就留在了大脑中。正是因为有这样的学习习惯和记忆方法，他的英语学习一直都很优秀，为后来高考英语拿到高分打下了坚实的基础。

所以在学习英语的过程中，我们应该充分意识到记忆英语单词的重要性，尽可能多地掌握词汇，这样我们才有可能在考试中取得高分。那么，我们应该怎么做，才能养成快乐记忆英语单词的习惯呢？

（1）要习惯性地掌握英语造词的规律

很多同学都觉得英语单词难记，其实在我看来，他们是没有养成好的学习习惯，没有发现记单词的捷径。只要我们养成一定的学习习惯，掌握了适合自己的学习方法，记忆单词就会变得简单而有趣。

我们可以通过掌握造词规律来记忆单词。要知道英语词汇大都有着自身的规律和系统，单词的数量虽然庞大，但是构成单词的元素——词根、前缀和后缀的数量却是有限的。只要我们掌握了这些元素和造词的规律，再回头记忆单词，就显得非常容易了。

（2）在语境中掌握词义

英语单词往往会出现一词多义的现象，但是我们在记忆词汇的时候，往往习惯性地将每个义项孤立起来记忆，每次只记忆某个单词的某一个意思。这样一来，我们在记忆单词的时候就会局限于自己所设定的固定思维中，一旦在某些句子中又遇到这个单词，可原有的义项又解释不通，我们就会陷入迷惘之中，不知所措。

其实，之所以会出现这样的状况，问题不在于我们记忆不准确，而是在于记忆习惯和方法出现了问题。英语词汇的确很"善变"，一个单词通常会出现"多张脸"，那么在学习中，我们应该如何来把握它的变化规律呢？

对于英语单词的意思，我们无须去死记硬背，而是要在理解的基础上掌握。将一些抽象概念的单词放进短语或者句子中，我们就能具体而生动地理解它的意思了。比如在"You can often pick up packs of used stamps very cheaply."这句话中，"pick up"我们可以理解为"用较少的钱买到"；而在"People said gold could easily be picked up by washing sand from the river in a pan of water."一句中，"pick up"则可以理解为"收集到"。这样，结合具体的语境，我们就可以实现对词汇意义的正确理解，避免了只死记硬背一条义项的做法。

（3）习惯利用英英词典学习英语单词

英语学习中，绝大多数同学都习惯使用英汉词典，因为这对我们翻译有很大的帮助。但如果我们因此而依赖上了英汉词典，那么我们就会失去一个有效学习英语单词的好途径。

我们必须清醒地意识到，英汉词典在给我们带来方便的同时，也会带给我们非常大的负面影响，那就是它让我们习惯了汉语思维。对中学生来说，最省力、最高效的思维方式其实应该是这样的：当我们看到某个英语单词的时候，不再将它翻译成汉语，而是直接运用这个单词去思维——这就是我们所说的英语思维。当我们习惯了英语思维，我们不仅能够对英语单词有更深刻的理解，还可以最大限度地提高自己的英语水平。

那么我们该如何培养自己的英语思维能力呢？其实只要我们在日常学习中为自己准备一本英英词典，遇到不认识的单词就多翻一翻，那么我们的英语思维就能慢慢地培养出来。因为当我们查阅英英词典时，单词的每一条义项都是用英语解释出来的，这样一来我们就避免了用汉语去解释这个单词，时间长了，自然也就养成了英语思维习惯。

## ▶ 养成记英语语法笔记的习惯

在英语学习中，语法学习是我们学习的重点和难点所在，中学生在学习语法的时候经常会遇到难啃的"骨头"，学习英语的信心常常会因此而受到打击，一些同学甚至因此对英语学习产生了恐惧感。

英语语法学习虽然比较困难，但只要我们措施得当，再难的语法也会变得简单起来。当我们养成记语法笔记的学习习惯后，通过不断的学习和阅读，我们就能很好地掌握英语语法。

也许有些学生会对这样的学习习惯不屑一顾：这还不简单？很久之前我就养成记录英语语法笔记的习惯了！其实，正是这个看起来简单的学习习惯，很多学生却很难长久地坚持下来。事实上，不光在英语学习中会出现这样的情况，任何的事情，对我们而言，都是越简单越难以坚持——越难的事，反倒越有人愿意去做。总有些自认为聪明的学生爱去寻找所谓的捷径，企图少出力、多获得，但这类学生最终往往不如那些将简单的学习习惯坚持到底的学生飞得高、飞得远。

2007年黑龙江高考理科状元鄂炎雄就非常推崇英语语法笔记，他认为一本"权威"的语法笔记，对于英语学习来说是非常重要的，它能够帮助学生巩固自己的语法学习，让自己更上一层楼。

## 第九章 英语学习习惯：多听多读多对话，学好英语并不难

鄂炎雄在初一的时候英语成绩还不是太突出，但中考中他却成了一匹黑马，英语取得了很高的成绩。之所以能够做到这一点，关键还在于他能一直做语法笔记，不断学习，不断巩固，最终在英语学习上走在了很多人的前面。

要知道英语考试中的试题，很大一部分都是考查我们对语法的掌握情况。只要我们将语法掌握牢固，那么在考试中取得优异的成绩并不是难事。

我们可以想一想：如果我们能够养成坚持记语法笔记的习惯，不断地在笔记中积累所学的语法，经常拿出来翻阅、查看，久而久之，不就可以很自然地将英语语法掌握了吗？

那么，我们应该如何记英语语法笔记呢？

### （1）着重对难句、长句进行语法分析

我们在记语法笔记的时候，并不需要对学过的每一个句子都进行语法分析。要知道，我们在笔记中对句子进行语法分析的目的是要更好地掌握句子的结构，从而对句子有更加深刻的了解。至于那些简单的句子——我们一看就能知晓它的意思——就没有必要再去分析它了，此时如果硬要在语法笔记中分析，反倒会画蛇添足，适得其反。比如"My father bought me a new bike."之类的句子，我们看一眼就能明白它的意思——"爸爸给我买了一辆新自行车"。这样简单的句子还去分析，就没有什么必要了。

那么，我们应该在英语笔记中分析什么呢？在我看来，那些我们理解起来有困难的长句、难句，应该是我们语法笔记中分析的重点所在。只有去分析了，我们才能搞清楚句子各个部分之间的关系，进而弄清楚整个句子的准确含义。

### （2）关注句型

在做语法笔记的时候，我们需要特别关注句型。我们的英语课本中，每一单元的阅读部分都会出现体现某一语法项目的典型句型，如果我们能在笔记中将这些句型分析透彻，就为今后更加深入的语法学习打下了良好的基础。

那么具体说来应该怎么做呢？在做笔记的时候，我们应该遵循由浅入深、由简入繁的过程。我们可以将每章每节的典型句型记录下来，重点分析一下它所涉及的语法以及短语，逐条列出。当然，如果我们能够创建相关的对话，就能加深我们对句型所涉及语法知识的理解。

### （3）笔记要有权威性

语法笔记对我们而言是学习英语语法的基石，是我们复习英语语法知识的重要资料。所以在记语法笔记的时候，我们一定要保证笔记的正确性、权威性，对每一条语法知识点、每一个短语都要反复求证，以保证我们记录在笔记中的每一句、每一条解释都是正确的。

我们的英语语法笔记中，除了记录老师的讲课内容，通常还有很多课外摘抄。当我们对一些语法知识了解得不是很透彻时，要主动向老师求证，将具体的语法细节弄清楚后，再记录在笔记本中，切忌模棱两可、一知半解——错误的笔记不仅不会帮助我们巩固语法知识，还会误导我们的英语语法学习，制造一个又一个危险的"陷阱"。

## ▶ 要对英语写作树立信心

很多同学一遇到英语写作就紧张，唉声叹气，有些同学甚至还深恶痛绝地说出这样的话："以后我用汉语写文章就行了，为什么非要逼我用英语写文章不可呢？"

在英语学习中，如果我们总是习惯用这种厌恶和逃避的态度来对待写作，那么我们就永远也写不出合格的英语文章。

回想我的中学时代，我的一个同学也非常"憎恨"英文写作。每次英语老师布置下来写作任务，他都会习惯性地产生抵触情绪。实在不得不写的时候，他便会在英语作文本上胡乱"摘抄"几段；考试的时候，他就绞尽脑汁写上几段，全然没有什么章法……

于是日子便在这种"糊弄"中渐行渐远，直到我们的中学时代快要结束时，他才发现自己的英语成绩和周围同学的相差一大截。仔细分析后，他才意识到是英语作文将他的英语成绩拉下来这么多。

但即便是意识到了这一点，他也还是不敢直面英语写作。班主任发现了他的这一缺点，引导他道："再难的数学难题你都能去挑战，难道你就这么惧怕英语写作，甘愿让它拖后腿？"听了班主任的话，这个同学才意识到自己的"命门"所在——之所以不愿意直面英语写作，是因为自己没有信心，惧怕在征服写作的道路上倒下。而越是担心这样，就越不敢直面英语写作，也就越是征服不了它。

也就是从那时候开始，我的这位同学向英语写作立下了一份"战书"，他认真思考写作的要点，主动请教英语老师……虽然这个过程很艰难，让他付出了很大的精力，但最终这位同学还是将英语写作"征服"了，在高考的时候他取得了优异的英语成绩。

所以，要想顺利地越过英语写作这道门槛儿，我们必须先养成自信的学习习惯，打败那个让我们产生恐惧感的"怪物"。

那么，当我们有了自信，在学习英语写作的时候需要养成哪些学习习惯、掌握哪些技巧，才能让我们快速地征服英语写作这头"怪兽"呢？

### （1）拒绝"中国式英语"

曾经听一位英语老师说了这么一件"趣事"：他在批改一个学生的英语作文时，读着读着忽然就笑出了声。原来那个学生的作文中竟然出现了这样的句子——"Good good study, day day up"，也就是我们通常说的"好好学习，天天向上"。看到如此典型的"中国式英语"，她忍不住大笑了起来。

在英语写作中，很多学生都会有这样的不良习惯：遇到不会写的单词就用汉语拼音代替，或者胡乱地写上一个毫不相干的单词；字数凑不够，便用一些"中国式"的英语来凑字数……虽然这样做他们会比较心虚，但还是习惯性地安慰自己：班里的学生这么多，老师不会每个单词都仔细看的，一定发现不了这些小错误。

这种写作习惯是最最要不得的。要知道，试卷上的"中国式英语"不仅会暴露我们的英语写作水平，这还是对自己极不负责的一种行为。我们在学习中要养成严谨的英语写作习惯，千万不要用"中国式英语"来凑数。

### （2）动笔之前要先确定文章的时态

有些同学在考试后看着自己的英语作文成绩，很是困惑：自己写的字数也不少，单词和语法也没有多大的错误，为什么偏偏就得不到理想的分数呢？

其实在我看来，之所以会出现这样的状况，很大一部分问题出在时态运用上。很多同学这一段用的是现在时，到了下一段一下子又改成用过去时……

也就是说，写英语文章和写汉语文章的道理是一样的，我们在开始写作之前，一定要先将整篇文章的时态确定好：究竟是要写现在的事情，还是写过去的事情？这样我们写出来的文章才会条理分明，否则只会让人感到杂乱无章。

比如我们要想写的事情已经发生了，我们就需要使用过去时。而且在具体写作过程中，我们还需要使用一些能体现出过去时的状语，比如one day、last winter holiday等。同样的道理，如果我们要写的事情发生在现在抑或将来，那么我们就将全文的时态设定为现在时或者将来时。

### （3）只使用自己有把握的句子和单词

在写英语作文的时候，我们必须养成这样一种习惯：只使用自己最有把握的句子和单词。在日常学习中，很多同学在写英语作文的时候，觉得在作文的文句中使用一些"漂亮"的句子，会给自己的作文增色不少。特别是在英语考试作文中，这类学生会习惯性地使用一些经典句子，想要凭借它们为自己的作文增分。

但实际情况是怎么样的呢？事情的发展方向往往和这些同学预想的相反。名言警句虽好，但如果是我们强行安插在作文中的，尤其是当它们和主题无关的时候，反而会使整篇作文的水平下降。而且很多名言或者很拽的词语往往难以记忆，万一因为记忆模糊而写错了，反而会帮倒忙。

所以在英语写作中，我们最好还是使用那些自己最有把握的词句，用那些我们记得最清晰的单词，一样可以写出很好的作文来，况且这样才能保证我们写作的准确率。

# 第十章 理化生学习习惯：结合生活，总结方法

　　理化生三门学科包含大量的概念和公式，通常需要我们在学习过程中进行大量的枯燥运算。但这并不能否定它们和我们现实生活之间的联系，如果我们能够养成联系生活实际去学习理化生的习惯，那么我们就能大大增强学习的兴趣，提高学习效率。

## 物理要重视观察和实验

很多学生在学习物理的过程中都会有这样的感受：物理难！每堂物理课都认真听了，老师布置的作业也仔细地完成了，预习、听课、复习、练习，哪一个环节都没落下，可为什么考试成绩却一直上不去呢？

其实在我看来，这些同学之所以在物理学习中会出现这样的困惑，和他们平时对生活实践缺乏观察的习惯有很大的关系，而且这类学生在做物理实验的时候也普遍不用心。要知道，物理是一门以观察和实验为基础的学科，尤其对中学生来说，学好物理的关键在于平时的观察和实验。如果我们连最基本的这两点都做不到，那么学好物理便是奢望。

我曾经教过一个学生，他平时就没有什么观察的习惯，对许多生活中的科学现象视而不见，顶多看一眼就过去了，至于细节，从来留意不到，也不用心去发掘。所以他对很多东西的认知都停留在初步印象上，很少深入地探究，特别是在物理实验中，他也很难认真观察。如此一来，他的物理学习也一直都比较吃力，考试成绩一直在班级中游徘徊。

而优秀的学生在物理学习中会养成仔细观察和认真实验的学习习惯。

保送进入清华大学的徐凡认为物理是一门实验科学，实验和观察是物理学习的基本手段。所以在生活中徐凡养成了仔细观察的习惯，总是会将生活中看到的一些物理现象同物理课本上的一些规律联系在一起，相互印证。另外他在做物理实验的时候也非常认真，对每个操作步骤都很用心，力争将每次实验中的每一个细节都记在大脑中。

所以，我们要想学好物理，就必须时刻告诫自己：在物理学习中要善于观察，多做实验。如果我们养成了这样的学习习惯，学起物理来也就轻松了很多。

（1）在观察的过程中学习物理

从古至今，但凡在物理学上有所成就的人，都非常善于在生活中领会、体悟科学的真谛。比如：苹果落地在我们看来是再正常不过的现象了，但是善于观察、善于动脑的牛顿却能从中看到不一样的地方，他由此发现了万有引力定律。开水沸腾的时候会将壶盖推起，这种现象在我们的生活中司空见惯，谁会仔细地去观察呢？瓦特观察了，并由此发明了蒸汽机……

同一现象大家都有目共睹，但为什么有些人从中实现了自己的人生价值，有些人却一生默默无闻呢？这其中最关键的一点其实就在于观察，有些人看到了某些现象之后能够细心地观察，深入地思索，所以他们最终成功了；有些人看是看了，却不能发现任何细节，所以他也就和成功失之交臂了。

所以，我们要想学好物理，就要认真观察生活中和物理相关的各种现象。通过不断的观察，我们才能将课堂上所学的理论知识形象化，不断深化对所学知识的理解。

当然我们的观察并不是盲目的，它是有针对性的。我们需要在广泛关注的基础上重视那些和我们所学物理知识有关联的生活现象。比如我们学习了"压强"这一物理概念后，在生活中就可以重点观察和这一概念有关联的现象。比如按图钉、切菜、打篮球等，都有"压强"这一概念的身影。这样一来，我们对具体的物理概念将理解得更加透彻，学得更加精准。

另外，我们在观察的时候要透过现象看本质，不能局限于一些新奇的表面现象。比如我们坐公交的时候，车辆急刹车，有个小伙子没站稳，

差点儿摔倒,这个时候我们要做的不是看热闹傻笑,而是在帮助别人的同时,分析一下这现象后的惯性原理。

(2)手脑并用做好实验

实践是检验真理的唯一标准,也是我们在物理学习过程中非常重要的一环。我们要明白,物理是一门实验科学,这一点从实验在我们物理课本中所占的比重就能看出来:实验内容、演示实验、学生实验、课后小实验和小制作……和实验相关的版块很多。所以我们要树立这样的学习理念:做好了物理实验,我们才能学好物理。所以在物理学习中,我们要养成重视物理实验的学习习惯,不管是对待哪一种实验,都要做到严谨细致,特别是那些需要动手操作的实验,我们应该更加积极主动地去完成。

千万不要想当然地认为将课本上的具体实验目的、步骤和方法、结论等背下来就不需要亲自动手做实验了。如果我们只知道死记硬背,不仅容易混淆,还很容易忘记。最重要的是,死记硬背下来的知识充其量只是"纸上谈兵",终究算不得真正地掌握。要想学好物理,不真正动手动脑去做一做是行不通的。正所谓"纸上得来终觉浅,绝知此事要躬行",在学习物理过程中我们一定要亲手实践,将理论和实验完美地结合在一起,如此才能更好地理解物理、掌握物理。

我的一个学生,每次物理老师做实验的时候,他都能认真观察,不让自己错过任何一个细节。特别是那些需要他们自己动手的实验,这个学生会更加认真地去完成,从来不偷懒,每次他提交的实验报告都能获得老师的肯定。

在完成课本上规定的实验之外,他还热衷于利用闲暇时间设计物理实验。比如他曾经设计了一个实验,成功测量出了1路公共汽车的平均行驶速度。从这个实验中,他成功地提高了自身的观察和判断能力,对物理知识的理解也变得更加深刻了。

可见，在学习物理的过程中，我们必须要养成用实验解决物理问题的习惯，要在物理学习中勤于动脑和动手。如此，我们才会更上一层楼，让自己攀上物理学习的巅峰。

## 养成画图的学习习惯

有位优秀的物理老师在教学经验交流会上讲了这么一个小故事：

"每次轮到我晚自习辅导的时候，我都会安排学生自己做题复习，很少讲课。记得有一次自习课，有位同学拿着一道习题问我解题方法。我一看，那道题很简单，当时我便在草稿纸上给她画了一幅草图。她看了图之后，竟情不自禁地喊出了声，感叹这道题原来竟这么简单。

"我便问她：'你现在知道这道题简单了，那为什么最初的时候你却没看出门道来呢？'她有些不好意思地笑了，说道：'我也不知道问题出在哪里。'我指着草稿上的图对她说：'其实问题很明显啊，你在做题的时候漏掉了一个非常重要的环节——画图。'"

在我看来，这位物理老师说出了物理学习的最大要点，那就是要养成画图的习惯——不要总是顽固不"画"。很多学生在学习物理的时候都存在着不画图、不用图的习惯。特别是在做物理习题的时候，往往一审完题目就立刻开始套用课本上的概念和公式，很少想到在草稿纸上按题意画图。于是很多学生在学习物理的过程中经常会陷入上面提到的困惑中——题目明明很简单，可就是答不出来。

实际上，学好物理离不开画图。不管是物理中的力学板块，还是电磁、机械等知识点，都需要依赖"图形语言"表述出来。特别是在解题的

时候，如果我们总是习惯性地依赖传统的语言和文字等表达方式，这样不仅有着很大的局限性，解题的效率和准确率也不会高。如果我们能养成画图的好习惯，通过直观的图像来分析解答，那么效率和准确率势必都会大大提高。

也就是说，在物理学习的过程中，我们必须养成画图的学习习惯。那么我们需要从哪些方面做起，才能让自己图画得更好、题解得更巧呢？

## （1）按题画图

所谓按题画图，就是指根据问题所给出的已知条件，用图像将物理过程以及各个物理量之间的关系表示出来，并且用它来解答问题。这种解题习惯一旦养成，将会帮助我们更加迅速而准确地解答物理习题。

按题画图是一种化繁为简的捷径，如果我们在审题的时候能够根据题意，将对物理语言的理解画成分析图，便能够使题目变得更加形象和直观。这样一来，我们也就将抽象的文字转化成了具体形象的图画，解题的时候也就更轻车熟路了。

有位物理考试成绩优秀的学生对此感触颇深，她说她在刚接触物理这门课的时候，每次做题都会被各种抽象的信息弄得焦头烂额，经常会做错题。别人一小时能做完的习题，她往往要花费两小时才能做完，考试的时候便吃了大亏，经常是时间到了她还有好几道题没做完。

后来，经过总结，她意识到自己的学习习惯尚有很大的改进空间。后来她仔细观察那些物理成绩好的同学，发现他们做题的时候都习惯画图，画好之后才会继续做题。于是她也开始画图，最初不习惯，但是坚持了十几天后，她发现自己慢慢习惯了画图，而且收获颇丰——她不但能够在很短的时间内解完题，而且做题的正确率也提高了很多。就这样，她的物理成绩慢慢地提高了上去，总成绩也进入了班级前列。

可见，一个清晰明了的过程图，对我们解题的帮助是非常大的，是我们学好物理的一大法宝。如果我们能够在物理学习中有意识地培养这种学习习惯——做一道物理题，第一步就开始画图，使它逐渐成为我们的解题步骤之一，那么不论是我们的思维能力还是解题准确率，都会提升。

（2）看图识义

在物理学习中，我们不仅要学习画图，还要学会识图。中学时代，需要我们学习的物理图很多，比如速度图线、振动图线、交流电的图线、磁感线、受力图，等等。掌握好这些图，对我们学习物理帮助很大。要知道物理是一门相对而言比较抽象的学科，学习的时候如果仅仅依靠抽象的文字，是很难深入理解的。

而一旦我们掌握了图像，那就不一样了，图像会让我们更加直观、形象地掌握知识点。更重要的是，我们会在图文结合的学习过程中收获兴趣和自信，培养自己学习物理的积极性，进而更主动地学好物理。

有位高考状元在谈到他学习物理的经验时说："我发现很多同学在解题的时候总是注重数字的演算，缺少看图识义的意识，而这一点却恰恰是我特别重视的。如果习题只是纯文字的，那么我会先在纸上画出图；而如果题目本身就有图，那么我就会在图上下功夫。怎么下呢？就是观察这个图，仔细分析，看看能从中获得哪些信息、这些信息能不能应用于解题过程中。如果不能，我会继续分析，看看图中是不是还隐藏有其他的信息；如果图还不够直观完整，我会对图再进行一些'加工'。这样一来，再难的题我也能解出来。"

所以在物理学习中，我们必须养成识图的学习习惯，掌握识图的要领，提高自己的空间想象力，增强物理综合能力。如此一来，我们在学习

物理的时候就可以掌握好识图要点,解题的时候先从所给的图形入手,找出已知条件,分析隐藏条件,一步步地将线索挖掘出来,这样解题的过程就变得简单了。

## ▶ 要善于在生活中发现化学

化学被很多同学称为"理科中的文科",不仅题目数量较多,单题分值较少,而且需要记忆的知识相对于数学和物理要多很多,包括基本知识、元素以及单质、化合物性质、基本的解题方法等,都具有文科的特点,需要我们大量地记忆。

所以要想学好化学,我们必须首先将这些繁杂的知识点都记住。有些同学一看到元素周期表,就觉得一个脑袋两个大,心想:这么多的知识点都需要背诵?什么时候才是个头啊!但是在我看来,记住这些知识点其实并不是什么难事,只要养成好的学习习惯,善于在生活中发现化学,在生活中记忆知识点,我们就可以轻松掌握住这些知识点。

想一想:如果我们在学习化学的时候,单纯地从分子、离子的角度看待化学问题,那么我们还会觉得兴趣盎然吗?还会喜欢上化学学习吗?面对这样的问题,相信很多同学都会皱紧眉头,觉得这样的学习非常枯燥乏味。

那如果我们将这些看似枯燥、乏味的知识和我们的实际生活联系在一起,结果又会是怎样的呢?答案不言而喻:将化学的知识点和我们的实际生活紧密联系在一起,我们的学习兴趣就会大大增加,对知识点的把握也会更加牢固,化学成绩才会更加优秀。

有一位被保送进入清华大学的学生,在谈起自己最初学习化学时的感受时,他只说了四个字:"太没劲了!"他的这种学习感受曾经让父母非常担心:才刚刚开始学习化学,孩子就觉得枯燥乏味,那还能学好么?

那时候他的母亲想了一个办法,问他道:"最近咱们经常能从电视、报纸和杂志上看到'温室效应'的报道,说因为这种效应,全球的气温开始回升,冰雪消融导致海平面升高,一些海拔低的陆地和岛屿都被淹没了。你能给妈妈讲讲这个'温室效应'到底是怎么一回事吗?"

听了母亲提出的问题,他挠了挠头,不好意思地笑着回答道:"这个效应我没听说过啊,我不是很明白。"他的母亲质疑道:"怎么会呢?你的化学课本上应该提到过的。"

听了母亲的话,他拿出化学课本翻阅起来。不一会,他便高兴地对母亲说:"找到了,找到了!温室效应主要是由于现代工业社会使用了大量的煤炭、石油以及天然气,排放了大量的二氧化碳气体而造成的。"

母亲接着问:"二氧化碳这种气体这么厉害?它是怎样造成了这种现象呢?"儿子很自信地为母亲解释道:"二氧化碳这种气体能吸热和隔热,当大气中的二氧化碳增多到一定数量后,就会形成一堵无形的'玻璃墙',让太阳辐射到地球上的热量无法扩散到外层的空间,继而导致地球表面越来越热。我们只有减少二氧化碳气体的排放,才能有效地避免温室效应。"

"那么我们应该怎么做呢?"母亲接着问。

"我们可以从节约能源做起啊,比如通过节约用电、少开汽车、保护植被、不使用一次性木筷、节约纸张等措施来缓解温室效应。"

在给母亲讲解完温室效应的知识后,他又说道:"以前我怎么没有意识到学习化学还有这么大的用处呢?以后我会好好学习化学,我觉得这里面有趣的东西太多了。"

后来他便在化学学习中变得更加积极主动了,化学学得超级棒,还当上了班里的化学课代表。

只要善于用心,我们就能够在生活中发现更多的化学知识,感受到化学的巨大作用。比如我们身上穿的衣服,很多原材料都是化学纤维;吃的蔬菜,其生长也离不开化肥;计算机、汽车、自行车等,也都离不开化学……也就是说,在我们的生活中,处处都有着化学的身影,只要我们留心观察,就能将课本中的知识和生活紧密地联系在一起。这样一来,我们在学习化学的时候就不会觉得枯燥无味了。

(1)细心观察,善于联系

生活中处处都有化学的影子,在有心的同学眼中,只要肯观察,就能在生活中找到化学知识运用的乐趣。比如在洗碗的时候,洗洁精能够将油污去掉,这是再平常不过的现象。有心的同学会将其中的化学知识"挖掘"出来,感受学习化学的乐趣,体悟到化学知识巨大的应用空间。而那些不善于观察的同学则会对这些化学现象视若无睹,错过很多感受化学学习乐趣的机会。

(2)善于发问

生活中,我们要养成善于发问的习惯,遇到不理解的化学现象时要勤于思考,勤于发问求证,这样才能学好化学。如果我们总是对生活中的一些化学现象抱着一知半解的态度,那么我们就无法真正地将化学学习和生活紧密地联系在一起,无法加深自己对化学知识的理解。

所以在生活中,遇到无法理解的化学现象时,我们最好能先思考一下其中所包含的化学知识,如果我们不能通过自己的能力解释清楚,那么我们就有必要请教一下老师,从老师那里获得帮助,进而对生活中的各种化学现象实现真正的理解,做一个真正的"化学达人"。如果遇到不懂的化学现象却不去求证,一知半解,甚至自己欺骗自己,那么想学好化学就成了不可能的事情。

### （3）善于记忆

化学是"理科中的文科"，知识点多而繁杂。我们在联系生活现象的同时，应该在兴趣的基础上进行记忆，联系专门的知识点，加深理解，巩固记忆。比如一些独特的化学用语——原子、分子、化合价、化学式、化学方程式、离子方程式，等等，我们可以在联系的过程中牢固地掌握它们。此外，对一些物质的性质、用途、制取方法等，我们也要多加留意，做到知己知彼，这样记忆起来就更加容易了。

## ➡ 准备一个"备忘本"

在化学学习中，不管是日常的练习还是大小不等的考试，很多同学做题时都出现过一错再错的现象——因为出错之后没能及时总结教训，结果错了改，改了又错，以至于在学习化学的道路上频繁遭遇陷阱。

如果我们能为自己准备一个"备忘本"，养成良好的记录习惯，那么我们在解答化学题时就能有效减少犯错的概率。也许有些同学会问：一个小小的"备忘本"，对整个化学学科的学习能起到多大作用呢？

在我看来，"备忘本"虽小，养成记录的习惯对我们学习化学的帮助却很大。

我的一个学生就曾在我的建议下准备了一个"备忘本"，养成了随时记录的习惯，结果获益匪浅。

这个学生名叫王琴，有一次跟我说起自己学习上的困惑，提起化学学习的时候，她满脸的沮丧。她说："老师，每次化学考试我的成绩都不怎么理想，后来我便将几次化学考试的卷子放在一起比较分析了一下，发现

我之所以考不好,是因为我总是在同一个地方犯错误,这张试卷上的错题在下一张试卷中还会再出现。"

我听了后告诉她:"这个问题其实不难解决。我可以告诉你一个方法,如果你坚持不懈,养成习惯,那么这个学期你的化学成绩肯定能上一个台阶。"

听我这么说,她的脸上一下子有了笑容:"真的吗?老师你快说说看,究竟有什么样的方法能让我的化学成绩更上一层楼呢?"

"很简单,只要你准备一个'备忘本',将自己平时在化学学习中遇到的那些不会的、易错的、典型的问题专门记在上面,空闲的时候多翻一翻,不断地印证和巩固自己所学,你在考试的时候就不会重复犯相同的错误了。"我告诉她说。

她按照我的建议,养成了记"备忘本"的学习习惯,一个学期下来,果真在期末化学考试中取得了理想的成绩。

由此可见,在学习化学的过程中,我们需要准备一个"备忘本",将遇到的各种问题记录下来,这不失为学化学的一种好方法、好习惯。曾经有教育专家对历年高考中化学成绩优异的状元们做过调查,发现这些状元们很少会出现"一错再错"的情况。究其原因,就在于这些优秀的学生在学习中遇到问题时能将问题及时记录下来,不断思考,勤于探索,有一种"打破砂锅问到底"的学习精神。而有些学生虽然遇到问题时也会请教老师,也会认真地学习,但他们做的仅仅是满足于听,没有将听懂的知识记录下来并彻底地消化掉,没能将其内化为自己的知识。

也就是说,不同的学习态度必然会造成不同的学习结果。养成了登记"备忘本"习惯的学生,在遇到此前自己已经记录下的错题时,往往不会重蹈覆辙。而那些仅仅依靠"听"的同学,在遇到同样的问题时,常常会一错再错。

其实记错题和记典型题是同样的道理。我们在学习化学的时候,将典型的题和做错的题统一记录在一个本子上,空闲的时候翻一翻、看一看,次数多了就会牢记于心,防止在同一个地方一错再错。典型的化学题会帮助我们总结出解题的方法,以后再遇到类似的问题,就不会束手无策了。

那么,我们具体应该如何在"备忘本"上做记录呢?

### (1) 记录不会的问题

"备忘本"上不能乱记乱写,只有记录那些最有针对性的问题,才能对我们的化学学习发挥最大的帮助作用。我们在记录问题的时候,首先要记录的应该是我们不会的问题,因为这类问题背后的知识点往往是重点和难点所在,我们从中可以看出自己知识体系中存在的漏洞,从而尽快查漏补缺。

遇到了难题,我们需要第一时间将之记录进"备忘本",将自己被难住的地方写下来,然后去请教老师和同学,将具体的解题思路和步骤记录在难题下面。特别是解题思路,在记录的时候务必要详细,要总结到位,这样可以为我们今后的复习总结提供权威的资料。

### (2) 归纳错题

"备忘本"除了要记录难题外,另外一个重要的任务就是归纳错题。在日常学习或者考试中做错了题时,我们要及时将之记录在"备忘本"中。在记录的时候,最好能够对同类型题进行分类,这样能够让整个"备忘本"看起来更加有条理,而且也方便我们归纳总结出共同点。

对待错题,我们要在本子上详细记录自己当初做错题的原因,找到自己知识体系的漏洞,总结这类题型的"陷阱"和解题方法。这样,以后再遇到类似的问题时,我们就可以从容应对,避免再次犯错误。

### (3) 归纳"妙题锦集"

做到这一点,就要求我们在学习化学的时候多留意典型的习题,将

有代表性的各类习题收入"备忘本"中。要知道,典型例题之所以"典型",就在于它往往代表了某一类题,从它的身上我们能够摸索出解题的方法和技巧,这样一来,掌握了一道题就相当于掌握了一类题。

也就是说,我们要重点掌握解题的方法和技巧,并且要善于在"备忘本"中归纳这些方法和技巧的共同之处,进而实现以点带面,事半功倍。

## 将生物学习融入生活的"大海"中

对中学生来说,生活是一个大课堂,它的教育意义要远远大于我们的课堂教育。它不但展示了物理、化学方面的知识和理论,而且和生物知识有着千丝万缕的联系。如果我们能够将生物学习融入生活的"大海"中,那么我们对生物知识的理解和记忆水平将会大大提高,真正做到游刃有余。

很多同学总是抱怨生物难学,知识点多,理解常常不到位。其实在我看来,这类同学之所以会在生物学习中遇到这么多的"苦难",归根结底还是在于他们没有将生物学习和生活紧密地联系在一起。优秀的学生之所以优秀,就在于他们能够在生活中学习生物,在生活中发现生物、理解生物,这样一来,对生物知识点的理解才会到位、深刻。

有位清华学子在谈到自己高中学习生物时的经验时如是说:"学习生物其实就是发现生活,比如在老师讲到种子结构和萌发一课时,我便会结合课本内容,力求在生活中了解更多的种子萌发知识。

"记得那时放学回家后,我找来了黄豆种子,放在碗里,加上水,浸泡一段时间后,让黄豆生了芽。通过对黄豆发芽的仔细观察,我了解到了种子吸水、膨胀、萌发的条件,这些激发了我学习生物的兴趣,也锻炼了我的动手能力。

"还有一次，我去郊外的一座果园里参观，发现了这么一个有趣的现象：有些长势茂盛的果树挂果却很少。回来后我一直思索其中的生物知识，要想将原因彻底弄清楚。后来请教生物老师，我才弄清楚其中的原因——那个果园土壤比较肥沃，但主人对枝干修剪得太轻，导致果树疯长却不挂果。从中我总结出了这样的生物知识：植物的营养生长和生殖生长之间有很大的关系，要想结出更多的果子，就必须控制好营养生长。"

在我看来，这位清华学子在中学时代养成的学习生物的习惯很值得我们去学习借鉴。利用生物知识分析和解决生活中遇到的问题，并且加强对课堂所学到的生物知识的应用，是我们学好生物知识、提高科学素质的重要途径，也是理论联系实际的主要方面之一。我们可以利用生活中的种种生物现象来检验自身的理论知识，使得二者相得益彰。

通过对生活中生物现象的思考和探索，我们巩固了自身的生物理论学习，对生物技术的要领也有了更深的领悟。如此一来，生物理论便在实践中得到了"活化"；如此一来，不仅扩展了我们的生物知识，还在很大程度上提高了我们学习生物的兴趣，加深了我们对生物知识的理解。

那么在日常生活和学习中，我们应该从哪些方面着手，使生物学习融入生活的海洋之中呢？

### （1）将生物学习融入生活

我们在学习生物课本知识的基础上，不妨多联系一下生活实际，对课本上安排的小制作、课外作业等，根据自己的实际情况合理安排。比如我们可以结合生物课本知识制作美丽的叶画——这个活动就涉及植物标本的制作方法，在掌握了各项制作要领后，我们就可以实际操作了。通过制作叶画，一方面可以增加我们对树叶形态的感性认知，另一方面还可以培养

我们的审美情趣。

制作叶画之前,我们不妨先在公园中认识一下各种植物的树叶,并且在这个过程中采集一下老树叶,作为制作叶画的原材料。当我们根据自己的设计完成了一幅叶画时,内心就会生出巨大的成就感,我们对生物知识的认识和理解也会由此而变得更加深刻。另外,在这个过程中,我们的动手操作能力和审美能力也会得到进一步的提高,学好生物的意愿也会变得越来越强。

(2)发现生物学中的生活因素,激发自身学习生物的兴趣

不管学习什么知识,兴趣都是最好的导师。我们在学习过程中,只有培养自身的学习兴趣,才能变被动学习为主动学习。要知道课本上的生物知识都是对前人经验的总结,是理论。而中学生囿于自己的学识,学习和理解这些理论的时候往往会觉得枯燥艰涩。如果我们习惯于死记硬背课本上的知识点,生物学习难免让人觉得枯燥乏味。

所以我们在学习生物的时候必须充分地联系生活实际,真正去感受生物知识和生活之间的紧密联系。而这些和生物课本知识相关联的知识,需要我们在生活中多加观察,一旦发现了,要立即记录下来,从课本上寻找知识点、获取答案,这样我们在学习生物的过程中才会得心应手。这种生活中的观察体验能够帮助我们最大限度地化解课本中的难点问题,将看似枯燥乏味的理论变成生动形象的生活情境。

比如,在学习植物根系呼吸知识时,我们可以联想一下家里自己种的花:是不是需要时常给它松一下土?家里种花的花盆是瓷盆还是瓦盆?花盆的底部为什么都会留有一个小孔?这样一联系,我们对植物根系呼吸知识的理解就会变得更加深刻。再比如,学了人体足弓结构后,我们可以课下跳跃两次,第一次的时候用脚尖着地,第二次的时候用足跟着地,切身感受一下足弓所具有的减缓运动时身体震荡的功能。通过这样的联想和对比,我们就能够很形象地理解课上所学的生物知识,日后学起来也就更加

有效率了。

### （3）探究生活中的疑惑

当我们在生活中遇到一些令人不解的问题时，我们的好奇心会变得越来越强烈，激发出更大的探索欲望。在生物学习中，我们不妨抓住这一契机，将课堂上所学习的生物知识引到生活中来，用生物科学解开自己的疑惑，这样一来我们学习生物的兴趣势必会大大增加。

比如我们平常吃苹果的时候，是不是会发现那些放置时间比较长的苹果吃起来有酒的味道？为什么向日葵幼嫩的花盘总是随着太阳的位置而转动？萝卜放久了为什么会空心？为什么藕断了丝还会连着？为什么晚上睡觉的时候卧室内不要放绿色的植物？当我们将生物学习和这些生活中经常遇到的疑难问题结合在一起的时候，生物学习就会变得多姿多彩。

### （4）利用课外科技活动，扩展生物知识

正所谓"纸上得来终觉浅，绝知此事要躬行"，知识的积累，终究要靠具体的生活实践来实现，而课外科技活动则为我们提供了一个广阔的平台。课外科技活动灵活性比较大，以学生为主体，老师只是从旁指导和辅助。

比如在学习植物部分时，我们可以在活动中开展植物的扦插和嫁接、植物的栽培、植物标本的采摘和制作等。这些活动的内容和我们生物课本的知识点联系紧密，能够帮助我们进一步理解所学内容。而且在这个过程中，我们的思维能力也得到了进一步提升。其实从人类社会发展的进程来看，生物学源于大自然，和人类的生产和生活活动有着密切的联系。所以我们完全可以尽力去挖掘生物学习中的生活因素，这样就能将生物学习置于生活情境之中，就可以将所学到的生物知识运用于生活，使其更加紧密地与生活相融合。

大教育家孔子说："不观高崖，何以知颠坠之患？不临深泉，何以知

没溺之患？不观巨海，何以知风波之患？"这句话生动形象地说出了将生活和学习联系在一起的重要性。我们在学习生物的时候更要如此，联系生活、联系社会，这样我们学到的知识点才会变得更加生动、更加真切，我们对生物的学习兴趣也才会更加浓厚。

# 第十一章 史政地学习习惯：眼到手到耳到，巧记忆勤揣摩

史地政三门学科知识点繁杂，需要同学们进行大量的记忆。从这一角度来看，学好这三门学科的关键还是在于怎么去记忆——眼到手到耳到，将五感结合在一起，联系生活记忆，勤练习多联想，才能学好史政地。

## ➜ 牢固掌握历史基础知识

作为文科的一个重要组成部分，历史这门学科需要我们记忆的知识简直是太多了。为此很多同学都感到困惑，不知道该怎么面对这些数不胜数的知识点，怎么才能学好历史。

有位北大学子，曾经分享了他自己中学时代学习历史的故事。他记得初中时的第一节历史课讲的是中国境内的远古居民，什么元谋人、北京人、山顶洞人……时间跨度超过170万年。那时候他觉得这些知识记起来很难，难免会张冠李戴，容易在考试的时候失分。

于是他找到了历史老师，将自己心中的困惑说了出来。历史老师告诉他："你之所以会出现这样的困惑，究其原因还是在于基础知识没有打牢。"之后，老师想了想，给他提了一个学习上的小建议："你可以养成这么一种学习习惯：将你觉得容易记混的知识列一个图表，对比着记忆，这样的话不就一目了然了？记住那些知识也就相对容易了。"

于是，在之后的历史学习中，他按照老师所提的建议培养自己对比记忆的学习习惯。比如前面在记忆元谋人、北京人和山顶洞人时，他从出现的时间、相貌特征、社会阶层和社会观念、遗址、历史地位等方面对这三种人进行了列表处理。以前他背这些知识点的时候总是"串味儿"，但自从有了这个对比表格，各类知识都乖乖地进入他的大脑中，再也没有发生过"乱串门"的现象。

这位北大学子在历史学习中遇到的问题，其实很多同学都经历过。有

## 第十一章 史政地学习习惯：眼到手到耳到，巧记忆勤揣摩

些学生在遇到这类问题后能够主动地化解，寻找适合自己的学习习惯和方法，将基础知识打牢；而有的学生却意识不到这个问题，在学习的过程中一味求快，结果却往往事与愿违，成绩因为基础不牢而下滑，最终连学习的兴趣也失去了。

那么在历史学习中，我们应该怎样做，才能让我们的学习成绩更上一层楼呢？其实答案很简单，只要我们在历史学习中养成打牢基础的学习习惯，我们学习起来就会更加轻松，成绩也就会变得越来越好。

### （1）巧妙记忆历史知识

中学历史课本上的内容比较繁杂，如果我们将各个知识点孤立起来记忆，死记硬背基础知识，必然会弄得自己头昏脑涨，最终还可能会出现混淆知识点的状况。如果我们能够在学习中养成一些好的习惯，将历史基础知识分门别类、按问题的性质依次归纳到一起，总结出一条条的记忆线索，那么我们在记忆的时候就会轻松很多。

那么，我们在背诵的时候可以运用哪些巧妙的记忆方法呢？

字头法。可以抽取核心字（通常为每句话的首字），将它们串联在一起，如果押韵的话效果会更好。将这些字串联在一起，多念几遍，我们就能很好地掌握需要背诵的知识要点了。

比如，在背诵1842年签订的《南京条约》中的"五口通商"时，不妨采用这种方法：将广州、厦门、福州、宁波、上海五个口岸首字串联在一起——"广厦福宁上"，这样就可以很快将这五个开放口岸记下来。

谐音法。和上面的字头法一样，都要选取字头，但是谐音法需要我们精心选取核心字及其谐音字，使得这些字串联在一起形成的句子既押韵，又有生动形象的意义。

比如我们在学习洋务运动时，为了记忆洋务派在中央和地方的几个主要代表人物，可以将奕䜣、曾国藩、李鸿章、左宗棠、张之洞、沈葆桢、丁日昌几个人的名字编为"新（䜣）翻（藩）译（李）坐（左）洞审

(沈)日昌。"

歌谣法。我们可以以核心字为基础,仔细斟酌排序,使之成为形式上对仗、发音上合仄押韵的顺口溜。

比如我们在记忆"文化大革命"期间的主要建设成就时,可以编成这样的歌谣:"成昆湘黔,二汽十堰,南京长江,胜利油田。"这个歌谣很容易记忆,只要我们在回想的时候稍微扩展一下,就能明白它所指代的内容了——成昆铁路和湘黔铁路,十堰汽车,南京长江大桥,山东东营胜利油田。

(2)养成日常复习的习惯,切忌临时"抱佛脚"

历史基础知识的学习是一项长期的任务,是需要不断积累和复习才能巩固下来的。很多同学却不明白这个道理,总是习惯性地偷懒,想当然地认为在考试前几天看看课本就可以拿到一个好成绩。所以每次考试之前,我们总能看到这样的场景:下课铃一响,那些平时打闹嬉戏的学生就不见了,几乎所有的同学都坐在位置上一动不动,抱着历史课本"猛啃",似乎想将一个学期的知识在几分钟内记下来……

优秀的学生在学习上总会保持着良好的复习习惯,会在日常学习中尽量巩固好基础知识,从来不会做这种临时抱佛脚的事情。因为他们知道,考试之前记忆下来的东西都是硬性填充到大脑里的,记忆得并不深刻,在运用的时候自然也就不会那么自如了。这就好比一个不会骑马的人,因为某些急迫的需求而必须立刻掌握骑术,但因为时间短,他只能学到一些皮毛。这样仓促学到的骑术自然也就不会有多么高明,从马上摔下来的概率也就大了很多。

所以在日常的历史学习中,想一蹴而就是不可能的,我们需要在平时多加积累、不断练习,这样才会在考试的时候获得一个自己满意的成绩。

### （3）要养成"由一而三"的思维习惯

有位高考状元在谈到自己的历史学习经验时如是说："学习历史，并不是将教材中的内容全部记住了就能拿高分，我们除了要记牢基础知识，还要有分析史实、解决问题的能力。这就要求我们在日常学习中养成'由一而三'的学习习惯，在学习中多问几个'为什么'，由一项史实发散思考，找到其背后的历史规律和教训。比如某次革命失败了，它失败的原因是什么？还有没有别的原因？它其中有着怎样的偶然性和必然性？就这样，时间久了，在历史学习中我自然也就习惯由一点想到多点，进而对一个问题实现更全面和深入的了解。"

可见，在我们学到了一个历史事件后，不要局限于"知道了"，而是要多加思考，对几个相似的历史事件加以分析，比较它们对历史发展产生的影响，总结历史规律，分析其偶然性和必然性。

## ▶ 要清楚、透彻地掌握历史事件

历史基础知识，只要我们在日常学习中用心记了，大家基本上都能掌握住，不会在考试中失分。而历史考试中高分和低分的差别，往往在于考生对历史事件的掌握、分析是否到位，也就是对最后那道大题的分析上。我们对历史事件的分析是否能够一针见血，是否能够一语中的，能否清楚明白地将事件的前因后果讲清楚，直接决定了我们成绩的高低。

那么我们要怎样做，才能养成清楚、透彻地掌握历史事件的学习习惯呢？

### （1）既要纵向学习，又要横向学习

有位高考状元在分享自己中学阶段历史学习的经验时说："中学时代，我的历史老师讲课时有这样一个习惯，他每讲完一件世界历史大事件，都会问我们：'大家想一想，这个时间段，咱们中国发生了哪些大事件？为什么会出现这些变化？都有着怎样的原因和条件呢？'

"老师抛出这些问题后，我就会横向比较一下，不知不觉间也就将中国历史复习了一遍。并且在同世界历史的比较过程中，我还总结分析出了很多有关中西方差异的问题。

"后来我也就形成了这样一种习惯，每次学到一个大的历史事件后，我都会横向或者纵向地比较一下，从不会孤立地看待某个事件。"

这位状元在学习历史事件过程中养成的学习习惯就包含了历时性和共时性的统一。所谓历时性，强调的是历史发展演变的过程，比如说人类发展的一个个时间段，如远古、古代、中古、近代、现代等；共时性就是在同一时间或时期内发生在不同地区、国家或者不同领域内的事件，这些事件之间有着直接或者间接的关系。

在学习历史的过程中，当我们将历时性和共时性统一在一起，我们对历史事件的认知也会变得更加深刻，对问题的分析也会更加到位。

### （2）抓住事件的"偶然性"和"必然性"

历史上的很多事情其实都是偶然性和必然性统一的结果。比如秦末大泽乡起义中那支去戍边的农民队伍，当时恰好遇到了暴雨，而素有大志的陈胜又恰好在那支队伍中。再比如西安事变中，蒋介石当时偏偏正在西北督战……这些事件的发生表面上看都是偶然的，但却又有其必然性。

所以当我们分析历史事件的时候，不妨习惯性地从这些方面想一想：这些历史事件的发生都需要哪些必要的条件？这些条件又是在什么样的背景下才具备的？如果没有这些条件，那么这些历史事件是否还会发生？

当我们习惯了这样去分析历史事件，我们就会发现偶然性只是历史事件发生的必要条件，并不能解释清楚客观事物和现象之间的本质联系。比如上面提到的陈胜起义，我们不妨这样问问自己：如果没有陈胜起义，秦朝就不会灭亡了么？答案显而易见，秦朝灭亡有着其必然性：暴政导致阶级矛盾异常尖锐，生产力破坏严重，就算没有陈胜站出来，也会有别人奋起反抗。明白了这一点，我们也就不会简单地断言是某个人改变了历史。

也就是说，偶然性是历史事件所发生的时间地点、以何种方式表现、由什么人物完成等表面因素构成的。必然性才是历史事件发生的本质原因。所以我们在分析历史事件的时候，一定要抓住它们发生的偶然性和必然性。

（3）套用历史学习的"公式"

在历史学习中其实也存在着公式，只要我们仔细研究和分析，就会发现一定的套路。有位高考状元在总结自己的历史学习经验时说："只要在学习历史的时候掌握一定的学习方法，养成一些好的学习习惯，历史学起来其实并不难。历史和数学、物理等学科一样，也有着自己的'公式'。"

比如我们对历史事件发生的原因进行总结时，就可以运用这样的公式：原因=主观（内因）+客观（外因）。其中主观原因是指事件的发起者或者参与者在内在经济、政治、思想诸方面的因素；客观原因则是指自然、社会、环境等外在因素。

## 充分利用地图册、地球仪

对地理学科来讲，我们要想提高成绩，就要注重平时的学习，打牢基础。优秀的学生在学习地理的时候经常会问自己这样的问题：它是什么？在什么地方？为什么会这样？

要想解决这些问题，一个最直观有效的方法就是充分利用地图册和地球仪。地图也被称为地理知识的第二语言，如果我们能够在地理学习中养成"左图右书"的学习习惯，学会读、用各种地图，那么我们在学习的时候就能更加直观灵活地掌握自己所学的地理知识。著名教育家徐特立说："不动笔墨不读书。"在地理学习中，我们不妨套用一下这句话，"不看地图不学地理"。要知道地理是一门空间概念很强的学科，而地图恰恰是我们培养自己空间概念的好帮手。

有位北大学子在总结中学地理学习习惯时讲了这样一个故事："我上初中第一堂地理课时，老师就告诉我们，手边放一本地图册和一个地球仪，是学好地理课的基本条件。一开始，我对老师的这句话还不是太理解，后来我发现班里地理成绩好的几个学生空闲的时候手里总是拿着一个地球仪看来看去，或者在一本地图册上圈圈点点，这才想起在之前的学习中自己将老师的话忽略了，忽视了地球仪和地图册的作用。明白了这点之后，我在后来的学习中也养成了翻阅地图册的习惯，时间久了，觉得地理知识学起来形象了很多，理解起来也不是那么难了。"

从这位北大学子学习地理的感悟中，我们可以发现地图册和地球仪在学习地理中的巨大作用：将抽象的地理知识转化为形象具体的知识，让我们更容易理解和记忆。

也就是说，我们在学习地理的时候，要抓住时机运用地图和地球仪，并养成习惯，才能更好地将地图与地理知识相结合，总结地理规律，最终做到眼中有字、心中有图，将文字和地图完美地结合在一起，培养出发达的空间想象能力。

比如我们在学习"世界上主要火山地震带分布"知识时，如果一味死记硬背，也许我们能一字不差地将课本上的内容背诵下来，可一旦我们在考试中遇到填图的问题，或者需要我们根据地图来回答相关的地理问题时，我们对知识的运用就会变得生疏，不可能100%地把考题"拿下"。而那些平时经常看地图的学生则会轻松自如地解答，"搞定"考试。

可见，在地理学习上流传的"没有地图就没有地理学"这一学习"秘籍"是非常值得重视和借鉴的。我们在学习地理的时候，不妨培养一个好的学习习惯，将地图当成学习地理的第二语言去使用、认知、学习。

**（1）遇到问题，先在心中画地图**

在学习地理时，我们要养成翻阅地图的习惯，在翻阅的同时要善于将所学的课本知识"灌注"于其中，随时运用地图，将理论知识转化为具体形象的图画。

在这个过程中，我们要善于总结地理规律，把握某些知识点间的联系，这样才能达到"眼中有字、心中有图"的学习境界，继而将文字和图形完美地结合在一起。如此我们也就站在了一个新的高度，将抽象转化为具体，再难的地理知识在我们眼中也不再是阻碍了。

**（2）看地图的时候，要多问自己几个"为什么"**

比如我们在学习亚马孙河流域地理知识的时候，可以翻阅一下地

图册，找到亚马孙河流域的地图看一看。当然，要想彻底掌握这个知识点，仅仅翻一翻地图册是不行的，我们还需要在翻阅的时候问自己几个问题：为什么亚马孙河流域内分布着世界上最大的热带雨林？为什么亚马孙河水量如此之大？它周边有哪些国家？这些国家都有哪些著名的地貌？

再比如，世界雨极是印度的乞拉朋齐，我们在翻阅地图的时候不妨问自己这么几个问题：为什么它会成为世界雨极？它周边的地形如何，处于什么样的温度带？这样我们就能得出结论：乞拉朋齐位于喜马拉雅山的迎风坡，这里会下很多的地形雨。如此，我们在翻阅地图的过程中就将气候、地形联系在了一起。

这种结合地图册自我设问的习惯可以锻炼我们举一反三的学习能力，让我们更好地将所学知识全面地融合在一起。

（3）抓"归纳"，求"规律"

优秀的学生在翻阅地图册的时候会在其上圈圈点点，还会在本子上列出一系列的问题。也许在很多同学看来，这样的做法根本没必要——地图翻一下就可以了，难不成还要做成笔记？

其实这些优秀的学生在翻看地图时所列出的问题，都是平时学习中我们比较常见的问题，他们在看图的过程中能够联想所学知识，将它们列在一起，为的是从中找出规律。比如看世界地图，找陆上的自然带，从赤道向两极，大致可以分为热带雨林带、热带草原带、热带荒漠带、温带草原带、温带森林带、苔原带和冰原带。我们可以在地图册上用彩笔将这些自然带画出来，并在本子上写出这些自然带的特征和成因。

如此一来，以后再遇到自然带问题时，我们就可以用自己总结出来的知识作答——这样做即迅速又准确，我们的考试成绩又怎么能不优秀呢？

第十一章　史政地学习习惯：眼到手到耳到，巧记忆勤揣摩

## ▶ 养成在生活中学习地理的习惯

很多优秀生在谈起地理学习的时候，都会发出这样的感慨：要学好地理，不仅要学好课本上的知识和基本的技能，还需要特别注意联系生产和生活实际，养成在生活中发现地理知识、学习地理知识的习惯。

其实只要我们善于动脑动眼，就会在生活中发现很多的地理知识和问题。比如天象观测，大家都知道月亮的形状是不固定的，它有时圆如玉盘，有时又弯如银钩。所以在生活中，我们不妨亲自观察一下月亮形状是如何变化的，总结一下其中蕴含着怎样的规律。在观察月亮的同时，我们也可以观察一下夜空中那些如宝石般璀璨的星星，找一下神话传说中的星座，认识一下人们常说的北斗七星、牛郎星、织女星以及北极星……

这样一来，我们就会在生活中发现许多地理知识，并且养成用课本上学到的地理知识去解释地理现象的习惯，将理论知识和生活中的地理现象完美地结合在一起。

有位清华学子在中学阶段便养成了这样的学习习惯：她非常喜欢观察天上的星辰，每天夜晚都会抽出一定时间寻找自己心目中最美的那颗星星。

记得有一天，老师讲课的时候告诉学生说那天凌晨会出现流星雨。她记在了心里，半夜醒来便站在窗边仔细地观察夜空。而且她还在那天发现了很多平时见不到的星座，一边看一边回想课本上学到的知识。当她发现那些星座真的和课本上描绘的一模一样时，她像找到了珍宝一样欢呼起

来。当然，最令她兴奋的还是那晚准时登场的流星雨，美丽极了，让她对地理知识越来越感兴趣了。

可见，生活中可以遇到很多的地理现象，只要我们善于发现，就能在其中找到属于自己的乐趣。最重要的是，在这个过程中，我们将课本知识和生活实践完美地结合在了一起，加深了对课本知识点的理解，如此一来，在考试中我们也能将知识点运用得更加自如。

那么在日常生活中，我们要从哪些方面做起呢？

### （1）试着用地理知识去解释生活现象

比如我们在地理课本上了解到，6月的石家庄是华北地区的高温中心，每年的6月，在那座城市生活的人都会觉得天气又干又热。那么，究竟是什么原因导致了这种现象呢？

回想一下学过的地理知识，我们应该就会想到：海拔高度和气候之间有着很大的联系，海拔高度每升高100米，气温就会相应下降0.6℃；反过来也成立，海拔高度每下降100米，气温就会升高0.6℃。而石家庄这座城市正好位于太行山东面的华北平原上，来自西北方向的气流在沿着太行山东坡下沉的过程中持续增温，在这个过程中，湿度也会变得越来越小，整个区域内的空气也就变得干燥起来——这就是每年6月石家庄高温干燥的原因。

每个生活在这个地球上的人都和地理知识紧密地联系在一起。在生活中，我们会遇到各种各样的地理现象，我们唯有养成用课本上的地理知识解释这些现象的习惯，才能更好地理解课本上的知识点，活学活用。

### （2）进行地理计算

在地理学习中，有很多的地方需要我们拿起笔来计算一下。比如按比例尺在地图上量算距离，还有区时换算、温差计算，等等。其实这些计算并不是仅仅停留在课本上的，在生活中，我们也可以实际操作一下，解决实际问题。

有个学生的妈妈出差去美国了,她非常想念妈妈,决定给妈妈打电话问候一下。中午放学之后,拿起电话的她按了几个数字后又停了下来,因为她意识到美国和中国所在的时区不同,这个时候的美国正好是晚上,妈妈已经睡着了,这个时候打电话的话,肯定会打扰到她。

这样想着,她找出了地理课本,拿出地图册找出了妈妈所在的时区,按照老师讲述的方法计算出了妈妈所在城市的时间,然后找了一个妈妈方便的时间打了越洋电话。

可见,在实际生活中,地理知识能够帮助我们解决不少实际问题。在生活中进行地理知识运算,不仅能够帮助我们巩固相应的地理知识,还能让我们更好地理解和运用地理知识,做到活学活用,使地理学习中的难点简单化。

（3）在游历中学习地理

生活中我们不会局限于一处一地,特别是在寒暑假的时候,时不时会有机会跟着父母外出旅游。在这个过程中,我们除了要放松身心、欣赏美景,还要多多留意下当地的地理地貌和气候特征,观察一下当地的人文特色。这些亲身的观察和体验,对我们的地理学习而言是非常难得而宝贵的实践。

我们可以将自己的所见所闻和课本知识相互印证,感受一下亲自印证的成就感。还可以采集一下当地的地理资料样本,比如去泰山游玩,可以收集一些典型的岩石,带回来加以研究,这样就能对泰山的形成和演化过程产生更加深刻具体的认识。

## 政治学习要放眼天下,回归课本

要想学好政治课,我们首先要明白学习政治的目的是什么。其实答案很简单,我们之所以要学习政治课,是要利用所学的知识解决实际的问题。明白了这一点后,我们在学习政治的时候,就需要养成这么一个学习习惯——放眼天下,回归课本。

所谓放眼天下,是指政治的实效性很强,它的考试范围肯定会联系到当前的一些社会热点和时政要闻。也就是说,我们学习政治,不能只是埋头苦读,还需要关心国家大事。

回归课本,则要求我们在关注时政的同时联系一下课本的知识点,要养成善于从时事热点中发掘课本中的知识点。也就是说,我们要学以致用,运用课本中的知识去分析时事热点。

那么,在日常的政治学习中,我们要从哪些方面培养自己良好的政治学习习惯呢?

### (1) 两耳要闻天下事

有些学生经常会抱怨政治学起来很难:"总是和时政挂钩,每次考试的时候都会被这类题型弄得无从下笔,不知道怎么作答。"其实这种困惑在中学生中是普遍存在的,很多学生在学习的时候都会"两耳不闻窗外事,一心只读圣贤书",于是便出现了"死读书"的现象,只是一味地往大脑中填充知识。这样的学生一旦在考试中遇到相关题目,往往想不起来用这些知识点作答,更谈不上去运用这些知识。

其实,只要我们在日常学习中多将所学的知识拿出来"晒一晒",就能让自己熟练地运用这些知识。

一位高考状元在分享自己的政治学习经验时如是说:"我在复习政治时,发现相关的时政问题在考试中占很大的比重,不管是选择题还是问答题,抑或是材料分析题的情景设计,经常都会用重大时事作为背景。所以我们在学习时绝对不能'死啃'课本,而是应该主动留意一下国家大事,掌握当前发生的重大政治事件。

"想明白了这一点后,我就养成了每晚必看《新闻联播》的习惯,同时对其他新闻类的节目也非常留意,一有时间就看。除了看新闻节目,我还订阅了几份报纸,比如《环球时报》《参考消息》,都是我最喜欢的。在关注时事的同时,我还会试着用课本中的知识解释这些事件,用理论分析一下实际。如此一来,我不仅丰富了自己的知识,还提高了实际运用能力,成功地将理论和事件综合在了一起。"

这位状元的良好学习习惯非常值得我们借鉴。也许有些同学觉得《新闻联播》枯燥乏味,没什么好看的地方,还不如多看一集电视剧呢。但我要强调的一点是:这是了解时事的好节目,看似枯燥,但只要我们耐心看完,尽量用我们所学到的知识分析实际问题,那么我们在政治学习中就会更进一步。

比如说习主席提到的"中国梦",我们在了解了之后,要联系一下课本,试着分析一下"中国梦"蕴含了课本上的哪些知识点,思考一下我们在日常生活和学习中要如何去实现"中国梦"……

这样一来,我们的思维能力就会得到极大的提高,面对分析题的时候就能够做到条分缕析,将各个知识点罗列清楚,拿到高分。

(2)开卷考试不等于抄书

现阶段,随着中学教育的改革,很多学校会采用开卷考试的方式来考

查学生对知识的掌握，这种现象让很多学生觉得文科学习并不需要花费多大的心思。他们认为，反正在考试的时候有课本，打开它找到知识点抄上就行了。

但是让一些学生感到困惑的是，即便是抄，自己在考试中也未曾抄出高分来。其实答案很简单：考试的时候每个题都要去翻书，答题的时间自然也就不够用了。

那么，我们在开卷考试中要怎么做才能拿到高分呢？我们可以借鉴一下目录的制作，将某个知识点所在的页码记下来，这样在开卷考试的时候便可以第一时间找到相关内容了。另外，对那些自己有把握做对的题，我们可以直接作答，没必要再去翻书浪费时间。

（3）记时政笔记

我们最好能准备一个笔记本，将每天听到的大事件记录下来，尤其是那些和课本知识点有联系的事件，要格外关注一下，不能有所遗漏。当我们养成记时政笔记的习惯后，就能将天下事一网打尽，闲暇时翻阅一下笔记，当前一段时间内发生的大事也就尽在掌握了。

在每件大事的背后，我们都需要分析一下它和课本哪些知识点联系得比较紧密，然后在事件下面逐条将知识点罗列出来。这样一来，我们对整个事件的认知也就深刻了许多。此后再遇到类似的分析题时，我们解答起来自然就会轻松很多、准确很多。

# 第十二章 课外阅读习惯：重视课外阅读，不断完善自己的知识结构

不管教材编写得如何好，囿于篇幅，它能够承载的知识是非常有限的。而课外阅读则打破了课本本身的局限性，不仅形式丰富，内容更是如浩瀚的海洋，无边无际。多看课外书籍不仅能够帮助学生完善自身的知识结构，对课堂学习来说也是一种非常重要的促进和补充。

## 培养自己选书的习惯

对中学生来说，除了在课堂上获得知识之外，课外阅读也是获得知识的重要来源之一。经常有学生会问我这样的问题："老师，这几道题我原本能做出来，但是在考试的时候想了很久也没看明白题意……""那篇文章原本我读得很明白，但是读完之后再看后面的问题，我却没头绪了……""读了一遍，连文章的中心思想都没把握，不知道文章到底说的是什么！""一提笔写作文，我就脑袋空空，不知道该写些什么。"

为什么这些学生在学习过程中会遇到这些问题呢？几十年的教学经验告诉我，他们之所以会陷入这种学习困境中，跟他们没有养成良好的阅读习惯有很大的关系。

当然，课外阅读并不是去漫无目的地"撒网"，看到什么就读什么。读书要想有收获，首先要有选书的习惯。纵观那些学习成绩优秀的学生，他们在进行课外阅读的时候都习惯选择适合自己的读物。

所谓合适，一是指年龄合适，所选择的读物要适合自己的年龄特点。比如让一个中学生去读幼儿读物，他肯定会很抵触，这就不合适了。二是指内容合适，一些不适合中学生读的内容，比如言情、武侠类的纯粹消遣性的书籍，不要去读。三是水平合适，对中学生来说，很多读物都能读得懂，但是有些专业性的读物中学生读起来还是很费劲的，比如化学类的科研论文，中学生读起来会觉得晦涩难懂，对这类读物自然不会产生多大的阅读兴趣。

2009年河北理科状元王师在中学阶段就养成了良好的阅读选书习惯。

# 第十二章 课外阅读习惯：重视课外阅读，不断完善自己的知识结构

王师从识字开始便喜欢上了阅读，小时候喜欢看童话故事、连环画，长大一点喜欢看文学著作、文化典籍和名人传记。上了中学后，即便学习再紧张，他也会每天挤出一定的时间来看课外书。

有些同学对王师看"闲书"的习惯不理解，学习这么紧张还要挤时间看课外书，他们认为这是很不理智的行为。但让大部分同学迷惑不解的是，尽管王师看了很多课外书，但他的学习成绩却非常优秀。其实在王师自己看来，这样的结果是在情理之中的——自己虽然看了很多课外书，但并不是乱看、瞎看，而是有着自己的选择标准。

对于怎么选书，王师有着自己的标准：一是在内容上严格把关，那些言情、武侠类的纯粹消遣性的书籍他不会去看，这类书没有多少营养，对中学生来说看多了弊大于利；二是盗版书不看，因为盗版书通常版式比较差，内容上错别字也很多，看多了容易被误导，对自己字词上的素养危害很大。

王师正是凭借着这样的选书经验，让自己获得了大量课本上没有有的知识，增加了自身的知识储备，继而促进了知识的系统化，使得学习成绩得到了更大的提高。

可见，课外阅读的关键在于选书。那么我们应该从哪些方面把关，选择适合自己的课外读物呢？

## （1）课外读物的内容必须要积极乐观

在选择课外书籍的时候，我们要将那些内容不健康的书籍拒之门外，含有诸如暴力、色情、反社会等内容的书籍都不要涉猎，应避而远之；内容过于伤感消极的读物不要看，要知道我们正处于心理塑造期，过于悲伤消极的读物会潜移默化地使我们习惯用悲观的视角看自己、看社会，这种视角和心态非常不利于我们的成长和发展；纯粹的消遣性读物不要看，中学阶段的学习时间毕竟有限，将有限的时间浪费在这些没有丝毫营养的书

籍上，不值得。

（2）选择适合中学生阅读的书籍

作为中学生，应该看一些适合自己这个年龄段的书籍，不要看太多幼儿类的漫画或者连环画，因为这些书籍只能拉低我们的思维能力；另外不要看一些大部头，也不要看内容太多空虚缥缈的书籍，这些书或者理念性太强，内容太多，或者空洞无物，让人抓不到要点，提供不了什么有用的知识，只会让我们对阅读越来越缺乏兴趣。

（3）选择好的版本

选书的时候要选择一些知名出版社出版的书籍，这类书籍一般质量相对较好；当然，在选书的时候也要看作者，选择名家的书籍，能够保证内容上有正能量和趣味性；书籍的装订和外观也很重要，读书除了看阅读内容，赏心悦目的装帧设计也能带给我们乐趣。

## ➡ 有目标、有重点地看书

中学阶段学习紧张，阅读时间有限，我们不可能将所有的好书都阅读一遍。所以对中学生来说，课外阅读时要有目标、有重点地看书，这样才能最大限度地利用好有限的时间，不断地提高自己。

归根结底，有目标、有重点地读书也是一种选择，但是这种选择和我们上一节提到的是不一样的：有目标、有重点地读书，主要是从个人的视角出发，为了实现某一目标，有意识地控制自己的阅读方向和内容。

对中学生来说，有目标有重点地读书，能够大大节省时间。中学学习生活紧张，任务繁重，根本就没有时间进行大量阅读。所以我们需要

## 第十二章 课外阅读习惯：重视课外阅读，不断完善自己的知识结构

在知识的海洋中"锁定"特定区域，这样才能让我们在最短的时间内获得有用的知识。另外学生的精力也有限，与其漫天撒网，什么书都蜻蜓点水地看一下，还不如具体针对几本好书进行深入阅读，这样一来收获才更大。

2005年取得广西高考理综类语文第一名的卢德，便是有目标、有重点阅读的高手。在整个中学时代，卢德一直保持着课外阅读的好习惯，对他来说，这种阅读习惯已经成了他学习生活中的重要组成部分。

卢德很早就意识到，学习不仅是对书本知识的掌握，还需要对课外知识进行梳理和掌握。特别是对语文学习来说，课外阅读能够显著促进课内知识的学习。有时候，很多学生会对语文学习产生困惑，觉得语文学习很琐碎，没有重点可抓，考试中考的和日常学习的并不是一回事。卢德很认同这个观点，因为考试中很少出现课本上的原文，他也由此对课外阅读重视起来。

卢德看课外书是有目标、有重点的，并不是什么书都看，他的阅读目标很明确，主要是阅读那些自己感兴趣的同时又和学习有关联的书籍。卢德对物理很感兴趣，所以他很喜欢读和物理有关的科普书，遇到特别好的书他还会深入阅读，做读书笔记。也正是因为如此，中学时代的卢德尽管在物理上花费的时间并不是太多，物理成绩却一直很好。

可见，对中学生来说，有目标、有重点地阅读是非常必要的，能够产生事半功倍的学习效果。那么在日常阅读中，应该如何进行有目标、有重点的阅读呢？

### （1）确定阅读的方向

不管是目标还是重点，都代表了一种阅读的方向，只要我们能够在阅读之前确定好方向，那么接下来的阅读便会很有收获。首先，我们要阅读

那些自己感兴趣的课外书,将书中跟学习有关联的内容放在阅读的首位,让兴趣来提高我们阅读的效率和质量。其次,根据专业来确定方向。很多学生心里对自己将来要读什么专业已经有了打算,在阅读的时候不妨有针对性地读一些和自己未来大学专业相关的书籍,这样一方面能够促进自己对中学知识的掌握,另一方面也可以增加学习的兴趣和动力。

当然,作为中学生,用得最多的还是课本知识定向方法。我们不妨将那些和课本知识相关联的书籍作为阅读的重点,这样不仅能够帮助我们更好地理解课本知识,还能帮助我们从容直面高考。

我的一个学生平时非常喜欢读《红楼梦》,对贾宝玉这个人物形象颇有研究。高考的时候,正是凭借着这一点,他在作文中对该形象进行了阐发,言之有物且自圆其说,可以说成功给自己的作文"镀了金",结果作文获得了满分。

(2)有目标有重点,并不是说抱着一本书不松手

博览群书有助于我们增长见识、开阔视野,所以有目的、有重点地读书,并不意味着放弃广泛涉猎,在我看来,广泛读书是重点读书的基础,只有在广泛涉猎的基础上,我们才能了解什么书值得我们重点阅读、什么书不值得我们花费太多的时间和精力去看。

(3)制作课外阅读卡片

在重点阅读的时候,我们可以用制作课外阅读卡片的方式来调动自己的阅读兴趣,将自己认为是精华或重点的语句记录下来。

一位北大学子在分享自己的课外阅读经验时说:"为了让自己在阅读的时候更加积极、更加轻松,我想了很多方法。其中最让我受益的一个方

法就是制作阅读卡片。我会将书名、作者名、精妙的语段摘要以及文章的中心主旨等自己感兴趣的信息记在阅读卡片上。这样每当我读完一篇文章或者一本书，我的收获都是巨大的！"

做任何事情都需要理出方向，知道自己的目标，这样才能做好、做精。课外阅读也是同样的道理，如果我们能够在阅读之前制定好目标，重点阅读自己感兴趣的书籍，那么在这个过程中我们自然会收获颇丰。

## 养成适当超前阅读的习惯

中学时代的阅读，除了为提高自我修养，还有一个最主要的目的——为课堂学习服务。大量的课外阅读能够为我们学习新知识奠定良好的基础，还可以对我们已经学到的知识加以补充。这里所说的超前阅读，是相对于课堂学习而言的，我们可以在学习新知识之前阅读相关的课外书籍。当然，还有一个深度和广度上的超前，与课本相比，我们可以借助课外书籍学得更深更广，将课本知识掌握得更加牢固。

我们这里提到的超前阅读和课前预习并不一样：课前预习的对象是课本，而超前阅读的对象更加宽泛，只要和课本相关的书籍、报纸、杂志，都可以成为我们阅读的对象。

对中学生而言，考学的压力无处不在，如何在这些考试中脱颖而出是每个学生都希望解决的问题。所以很多学生的课外阅读也是着眼于这一点的。只要养成了超前阅读的习惯，那么对课堂知识的掌握也会变得更加游刃有余，在考试中脱颖而出的概率就会变大。

超前阅读对课堂学习的好处是显而易见的。首先，它能够给我们的课堂学习提供相应的学习储备，比如当我们学习语文课本上某一名家的作品

时，不妨先将名家的相关作品找来看一看，将作者的时代背景、生平、思想和写作风格弄清楚。这样一来，无疑会让我们接下来的学习变得更加轻松，对知识的掌握会比其他同学更加迅速牢固，对课堂内容的理解也会更加精深。其次，课外阅读也是对课本知识的有益补充。很多时候，课本中的文章或者原理并不全面，老师讲解的也很有限。如果我们能够通过课外阅读对其进行补充，那么我们大脑中的知识便会串联在一起，从而在深度和广度上有更大的收获。

2014年重庆高考状元胡嘉就有超前阅读的习惯。高中的时候，老师给全班订了一些报纸和杂志，其中不仅有水平比较高的习题，还有一些观点新颖深刻的文章。

那时候有些同学觉得这些报刊和杂志对课本的知识点讲得太深，太学究气了，不值得深读。但胡嘉却不这么认为，因为她知道，很多参加高考出题工作的老师，都会不自觉地将他们的一些学术观点和见解融入试题中去，而那些判卷的老师则希望能够看到超越课本本身的答案——这些，恰恰都是需要通过超前阅读才能触及的。

正是因为有超前阅读的习惯，胡嘉对课本知识的理解变得更加精深，知识运用起来也更加得心应手，难怪考试的时候会那么游刃有余。

既然超前阅读对提高我们的学习效率和成绩如此有效，那么我们在阅读的时候应该怎么做，才能"超前"呢？

（1）要坚持阅读为课堂服务的原则

我们在选择读物的时候，一定要记得跟课本内容相联系，要让阅读为课堂学习服务。根据老师讲课的进度，来确定自己该阅读哪方面的报纸杂志或者书籍。比如在学习茅盾的《风景谈》时，我们可以看一看矛盾的个人传记，也可以翻一翻文学史，对茅盾在文学史中的地位有一个更加深刻的认知。从这些书中，我们能够发现很多课本中体现不出来的资料背景，而这些知识又和课文有着千丝万缕的联系，两者不能割裂开来。

也就是说，进行超前阅读时，我们要先想一想接下来的阅读要为哪门学科的哪一部分知识服务，然后再有针对性地寻找相关的报纸杂志和书籍进行阅读。

### （2）阅读最合适的读物

因为超前阅读是为课堂学习服务的，所以我们在选书的时候不要贪多，看一本权威的、内容丰富、针对性最强的书，胜过蜻蜓点水地看好多本书。

### （3）关注学术前沿动态

在进行超前学术阅读的时候，我们必须注意这么一点：要关注学科的最新动态。有时候，我们会受那些过时的学术知识的误导，观点还是"过去式"，这对思维上的创新是十分不利的。一般而言，每年的中考、高考题中都会有一些涉及学科的前沿思想。所以我们在进行超前阅读的时候也要特别关注这一点，看书的时候尽量读权威的学术书籍或者期刊，这样才能保证我们知识储备的"新鲜度"。

其实，关注学术前沿对我们而言本身就是一种超前学习，能够让我们的视野更加开阔，对将来选择大学后专业也具有指导作用，甚至能够帮助我们确定人生今后几十年的发展方向。

### （4）切勿舍本逐末

有些学生虽然养成了超前阅读的习惯，能够做到为了学好课堂知识而有针对性地读书，但是在读书的过程中常常会将原本想要解决的问题抛在脑后。如此一来，阅读是超前了，但是对具体的课堂学习却帮助不多。

所以在进行超前阅读的时候,我们需要不断地问自己:阅读的目的是什么?需要在阅读中解决什么?这样我们才能抓住阅读的本质,提高阅读的效率。

## ▶ 阅读的时候要习惯性地记忆

在阅读时,我们会遇到很多值得记忆的东西,诸如浓缩的知识点和优美的文句,等等。能否及时抓住这些宝贵的财富,将之转化为我们自己的知识储备,决定着我们阅读的效率高低。要想达到高效阅读的目的,最大限度地汲取书中的精华,就必须在阅读时进行高效的记忆。

也许有些人会觉得这样看书太无聊、太学究气,他们认为看书就是出于兴趣,没必要去刻意记什么。诚然,阅读首先是兴趣使然,但是对书中的精华我们还是有必要加以记忆的,现在的考试内容越来越广,课外知识记忆得越多,我们考试时就越得心应手。

北大学子胡湛智中学时就已经养成了在阅读的同时记忆新知识的习惯。他掌握的许多历史知识,比如历朝历代的变更、各个民族的迁徙演变,等等,都是从历史类书籍中了解到的。另外,他还喜欢看一些历史人物传记,比如完颜阿骨打、铁木真等人的传记,这些传记中有很多课本中所没有的人物故事,让胡湛智记忆深刻,每次看到那些人物的名字,他都会想起他们在自己所处的那个时代叱咤风云的身姿。

胡湛智在阅读课外书籍的时候,从不走马观花,对那些自认为有用的知识,他会有意识地加以记忆。比如在看到一句富有哲理的名人名言时,他会刻意重复几遍,记在大脑中,以后在写作的时候有意识地将之转变为素材,加以引用,为整篇作文增色。

## 第十二章 课外阅读习惯：重视课外阅读，不断完善自己的知识结构

胡湛智认为阅读只有和记忆结合在一起才是最高效的，如果在阅读的时候只是让文字"路过"眼睛，那么对我们而言，再美丽的文字、再深刻的哲理、再感人的人物故事，也只能是水中花、镜中月，永远和我们隔着一层捅不破的纸！

古今中外的文学史上都涌现过大量的优秀诗篇、文章，这些佳作及其背后的深层思想，都是人类智慧的结晶，是古人留给我们的宝贵财富。现代信息传播异常迅猛，让我们每个人都能很方便地接触到这些优秀的篇章和思想。如果我们不能将这些财富转化为自身的知识储备，那将是阅读上的一大遗憾。

在阅读中汲取前人的智慧，对我们而言也是一种人生的积累。中学时代形成的良好文学素养和思想修养，会对我们今后的人生发展产生更加积极的影响。当然，一个最直接的体现还是我们个人的形象塑造上：阅读中所掌握的"食粮"越多，我们就会变得越有魅力，"腹有诗书气自华"，说的就是这个道理。

既然在阅读的同时进行记忆有这么多的好处，那么我们具体应该如何操作呢？

### （1）遇到需要记忆的内容时，多重复几遍

曾经有学生问我：如何才能在看书的时候记住更多的内容？在我看来，最简单的方法就是：在遇到好的内容时反复读几遍，然后闭上眼睛回想一下。这样能够加深我们对需要记忆的文字的印象，让我们更加长久地记住自己要想记住的东西。

### （2）养成边读书边思考的习惯

有些学生经常会产生这样的疑惑："我看的书不少，为什么留在大脑中的东西却寥寥无几呢？为什么在想运用某些知识时，想了半天却始终也

想不起来呢？"

在我看来，之所以会出现这样的情况，是因为这些学生在读书的时候没有思考，即使记了也是生硬地死记硬背，使得进入头脑中的知识僵化，缺少活性，导致记得快忘得也快，或者产生"肚中有货却倒不出"的结果。

一位清华学子在谈到自己的阅读习惯时这样说：

"不管是阅读参考书还是文学典籍，在课外阅读的时候，我总是习惯边读边思。如果我阅读的是参考类书籍，那么我在阅读时会思考书上提到的解题思路，想一想这种思路究竟'聪明'在什么地方；如果我阅读的是一些哲理性散文，那么我会思考一下里面蕴含的哲理究竟是什么、对我现在的生活和学习有什么启示和帮助……

"这种阅读习惯让我受益良多，很多东西我并没有刻意去记忆，但是它们却清晰地出现在我的大脑中，这就是在思考和理解的基础上进行阅读的好处。"

在我看来，不管是什么书籍，在阅读的同时都需要思考，这是一个理解和消化的过程，也是一个记忆的过程。单纯地去死记硬背，不去主动思考文句的含义，就体会不到文字的美感和哲理，我们的阅读也就只能停留在粗浅的层面，我们的记忆便无法更加深刻。相反，如果在课外阅读的过程中我们能够多思考，那么对语句的理解也就更加深刻，相关知识在头脑中也就变得也加清晰，甚至可以达到过目不忘的记忆效果。

### （3）不要养成"假阅读"的习惯

很多同学在看书的时候经常会出现这样一种状况：眼睛明明盯着书上的文字，思维却如脱缰野马，已经跑到天外去了。这类学生往往一页文字看半天，不仅速度慢，记忆效果也很差，这就是阅读中经常会出现的"假阅读"现象。

其实很多人都有过"假阅读"的经历，在阅读的时候思想不集中，缺乏专注精神，眼睛和大脑之间的"线路"断了。在这样的情况下要想记住一些东西，效果可想而知会有多差。如果在阅读的时候经常出现这种"假阅读"的现象，那么你的阅读效率就会大打折扣，甚至是一点效果也没有，纯粹在浪费时间。所以我们需要反省一下自己，检查一下自己是不是存在"假阅读"的习惯，如果存在这种习惯的话，那么我们就需要及时纠正这种不良的阅读习惯，让自己的阅读变得更加高效，记忆变得更加深刻。

一旦发觉自己处于"假阅读"状态，要看看自己是不是太疲劳了。如果是因为太累，不妨放下书休息一下，或者去户外活动活动；如果是因为注意力不够集中，那么就要做些使注意力能集中的练习，学会如何控制自己的注意力。

## 准备一本读书笔记，将感悟随时写下

要想在阅读的同时记住更多的东西，在动眼的同时动手是非常必要的。俗话说"不动笔墨不看书"，自古以来，很多名人在博览群书的时候都很重视做读书笔记，会随时将自己的感悟和心得写下来。

毛泽东在读书的时候就很注重做记录。在他的读书生涯中，每阅读一篇文章，每看一本书，他都会在重要的地方写许多批语。有时候他还会将书中或者文章中精妙的字句摘抄下来，或者随时写下读书笔记抑或心得体会。毛泽东的藏书，很多都是朱墨纷呈，上面或圈点，或批语，或勾画，直线、曲线、双直线、三直线、双圈、三圈、三角等符号，比比皆是。

伟人读书尚且如此，作为一名中学生，在阅读的时候更应如此。读书笔记既能帮助我们消化书本上的知识，又能让我们积累更多的素材，训练思维上的逻辑性，提高我们分析问题、解决问题的能力，同时还会让我们在阅读的时候变得更加专注。

2013年浙江理科状元周晨就很注重读书笔记的作用。进行课外阅读的时候，她手中总是拿着一支笔，看到感兴趣或者有哲理的内容时，她会在该内容附近做标记。阅读完一篇文章或者一本书后，她还会写读书笔记，将自己的阅读感悟认真地写下来。当然，一些名言警句或者好的片段，她也会及时摘抄下来，然后抽时间背诵。这样一来，不但掌握的素材多了，而且个人修养和魅力方面也有了很大的飞跃。

由此可见，读书笔记是我们不能忽视的一个阅读环节。在阅读的同时，我们有必要进行标注和书写，这样才能更好地理解和记忆书中的精华，最终将书中精华转化为自己的知识储备，提高个人修养。

那么在阅读时，应该如何做读书笔记呢？其实这个问题很好回答，我们在读书的时候，可以根据不同情况，选择相应的读书笔记形式。

### （1）摘要式读书笔记

所谓摘要式读书笔记，是指在阅读的同时将文中与自己生活、学习、兴趣相关的字句、段落等，按照原文准确无误地抄录在本子上。将其摘录下来后，要在文后标注出处，包括书名、作者、出版单位、日期以及页码等信息，便于日后有需要时加以核对。

在做摘要式读书笔记时，要有所选择，要将自己的兴趣、文本本身的优秀与否，作为是否加以摘抄的标准。摘要式读书笔记具体又可分为下面两种形式：

索引读书笔记。这类读书笔记只记录文章的出处和题目，比如记录下书名、作者以及出版日期、章节等信息（期刊则要记下期刊号，报纸则要记录下发行的年月日和版面），以备日后查找方便。

抄录原文读书笔记。这类读书笔记就是从书籍、报纸、杂志文献中摘抄自己感兴趣的原文，摘录其中的名言警句和段落，供日后应用。在摘抄的时候要写上分类题目，在引文之后也要标注清楚出处。

## （2）评注式读书笔记

所谓的评注式读书笔记，不单单是做摘录，还要将我们在阅读时产生的看法观点等写出来，其中夹杂着我们的喜好、倾向等个人感情。评注式笔记有时会对从读物中摘抄的文句加以概括说明，并对比与此相关的内容，在对比中找出优缺点。

具体而言，评注式笔记可以分为下面四种：

书头批注。书头批注是做读书笔记最简便的一种方法。阅读的时候，我们可以提笔在书中重要的地方和自己感触最深的地方画上下划线或者符号，还可以在文字旁边的空白处写下自己的批注，表达自己的见解或者情感体会。也可将批注写在小纸条上，然后将纸条夹在原文处。采用书头批注笔记形式，不但能够加深自己对文句的理解，还能够为日后重新阅读提供引导和参考。

提纲笔记。即做笔记时采用纲要的形式，将一本书或者一篇文章中的论点、论据逐条列出来。我们可以按照原文的章节、段落层次，将书籍或者文章的主要内容以提纲的形式简要罗列出来。做提纲读书笔记，既可以用原文的语句，也可以用我们自己的语言，当然也可以将二者结合在一起。

评注读书笔记。在读完整本书或者整篇文章后，我们可以对这本书或者文章的优缺点进行评论，或者对文中疑难之处加以注释。

补充原文读书笔记，即阅读完全篇后，如果对原文的论述或者结尾不甚满意，可自行进行必要的补充。这里所说的补充并不是随意补充，而是

围绕着整本书的中心思想加以引申和发挥。

(3) 心得式读书笔记

心得式读书笔记是我们在读完书之后，写出自己的心得、认知、体会，以及自己所得到的启发与收获的一种笔记。具体来说，心得式笔记可以分为以下几种：

札记。所谓札记，是指我们在读书的时候将摘抄的要点和自己的心得结合在一起写出的笔记，这类札记形式比较灵活，可长篇大论，也可简短论述。

心得笔记。也就是我们常说的读后感，即在读书之后将自己的体会、感想以及启发、收获等写出来。这类读书笔记可以写自己阅读时的心得体会，也可以针对原文的优缺点进行论述，提出自己的见解。这类读书笔记一般以自己的语言为主，也可适当引用原文。

综合读书笔记。所谓综合，是指我们在读了几本书或几篇文章后，将他们的观点糅合在一起进行总结，并提出自己的见解和看法。

上述三种类型的读书笔记，不管我们采用哪一种类型，最终的目的都是为学习和写作服务。我们在刚开始阅读的时候，可以做相对简单的摘要式笔记，等之后我们的书读得多了，有了比较，有了自己的看法，就可以写评注式读书笔记和心得式读书笔记了。

## ▶ 坚持每天挤出时间读书（持之以恒）

课外阅读的好处显而易见，能够让我们开阔视野，获得更丰富的知识储备，但这并不意味着偶尔几次阅读就能带给我们立竿见影的效果。阅读是一种需要长期坚持的学习习惯，只有在日复一日的阅读中，我们才能真

## 第十二章 课外阅读习惯：重视课外阅读，不断完善自己的知识结构

正受到潜移默化的熏染。

所以我们必须养成坚持课外阅读的习惯。一方面，在时间上我们应该保证每天都能抽出一点时间来阅读，持之以恒，以保证充足而又有延续性的阅读时间；另一方面，这种坚持也是阅读量上的一种要求，每天要阅读多少页，应当作为一个习惯固定下来。这样我们的积累才会越来越深厚，最终产生一个由量变到质变的过程。

很多学生虽然也会在课外看书，但潜意识里始终将课外阅读看成是课堂学习的"补充"，内心深处其实并不是太重视它，认为阅读是一件可有可无的事情。也有些学生想起来就看看，想不起来就不看，三天打鱼两天晒网，这样的阅读是不会有什么收获的。

如果我们能将课外阅读变成一种生活习惯，那么我们就能避免断断续续地读书。很多高考状元正是因为意识到了这一点，养成了每天读书的习惯，持之以恒，所以才会让自己的表现变得那么出色。

北京2013年语文高考状元、现就读于清华大学的孙婧妍从初中时就养成了课外阅读的习惯。虽然在最初的时候她经常不知道该看哪些书籍，也不懂得什么高效阅读方法，只是随手拿到什么书便看什么书、对什么感兴趣便读什么书，但这种不设限的课外阅读反而让她的阅读面越来越广，兴趣促使她慢慢养成了每天阅读的好习惯，并且一直坚持了下来。

进入高中后，孙婧妍发现了自己以前阅读习惯的不足之处：盲目地看书，虽然阅读面广了，但是看书的时候比较随意，很多东西都是蜻蜓点水，略懂皮毛而已，遇到稍微深奥一点的知识，她便不知其所以然了。意识到这点后，孙婧妍便将课外阅读的重点放在了自己最感兴趣的外语上，只要是和外语有关联的书籍杂志，她都会搜罗到手。如果涉及课本知识，她还会回家做详细的读书笔记。当然，这些好的习惯孙婧妍身边的一些同学也都具备，但有一点他们不如她，那就是"坚

持"二字。

从高二开始,学习变得越来越紧张,大家在高考压力下都放弃了阅读课外书的习惯。但孙婧妍没有随大流,不管学习有多忙,她都一定会抽出些时间阅读固定的读物。也正是因为有高二、高三这两年在阅读上的坚持,孙婧妍能够轻松地学习,和那些只顾埋头苦读的同学比起来,她的身上多了一份从容和淡定。而且因为书读得多了,她的知识储备也很丰富,学起课本知识也游刃有余。

由此可见,对课外阅读的坚持是阅读能够起到实效的关键所在。但遗憾的是,很多学生都以"学习压力大""时间紧"等为由慢慢地放弃了课外阅读的习惯。其实在我看来,学习时间紧张是每个学生都要面对的问题,如果我们真的意识到课外阅读的重要性,那么时间就像海绵里的水,只要我们肯"挤一挤",总会有的。

那么在日常生活和学习中,我们应该从哪些方面着手来坚持阅读呢?

(1)办一张借书卡

城市的图书馆对我们来说是一座巨矿,我们需要好好地利用,这样既能在一定程度上保证阅读的系统性,又能起到自我督促的作用。将借书卡随身携带,它会不断地提醒我们:"今年你还没去图书馆翻翻书呢!"这样一来,只要我们走进图书馆,就肯定能找到自己感兴趣的读物。

另外,可以主动订阅一些自己感兴趣的报纸杂志,这样我们总会在某个固定时间点收到自己喜欢的读物,"提醒"我们坚持阅读。

(2)在计划表中规定每天的阅读时间

有些同学经常会将课外阅读这件事忽略掉,到了晚上躺在床上将要入睡的时候才想起书还没读。所以我们不妨将每天的阅读时间写进计划中,用条文固定下来,照章办事。这样一来,我们的阅读时间也就有了"制度"上的保障，会变得越来越有规律性。

### （3）和周围的人一起组建"阅读联盟"

在学校里，我们可以和志同道合的同学组建一个"阅读联盟"，相约一起读书，这样的话如果我们忘记了读书或者有了偷懒的心理，同学便会起到监督督促的作用，大家一同将阅读习惯坚持下去。

另外，回到家里时，我们也可以利用和家人一起读书的时间，跟爸爸妈妈分享我们的读书体会。这样一来，不仅能够给我们的读书活动增加动力，而且在分享的过程中还能加深我们的记忆，达到更好的读书效果。

总之，读书是一个需要长期坚持的习惯，不能断断续续，更不能将它当成装点门面的"花瓶"。当然，读书也需要循序渐进，不能贪多求快，不然的话效果只会适得其反。

## 第十三章 考试的习惯：养成考试好习惯，要得高分并不难

优秀的学生不仅会学习，还会考试。他们在考场上总是那么有条不紊，从容淡定……这些同学在考场上常胜的秘籍是什么？答案很简单，他们养成了良好的考试习惯。

## 考试之前对自己说"没什么大不了的"（战略上藐视，战术上重视，保持平常心）

考试是检测我们平时学习成效的手段，也是我们进入大学必须经历的一道"门槛"。有人说考试凭借的是七分实力、三分状态，这话不假。实力相当的学生，如果心态不同，那么最终的考试成绩就可能一个天上、一个地下。

所以，在每次考试之前，不论是大考还是小考，我都会提醒学生：要保持良好的心态，在战略上藐视，在战术上重视，保持平常心，如此才能最大限度地在考试中发挥自己的真实水平。

在我看来，中学生在考场上之所以会发挥失常，主要原因不外乎以下两种：其一，太在乎考试，导致内心紧张；其二，对考试重视不够，甚至视同儿戏。过分紧张会导致我们精神压力变大，进而影响到考场上的正常发挥；而不重视，甚至轻视考试，则会让我们在答题的时候变得粗心大意，出现一些原本不该出现的失误。只有那些对考试信心百倍而又适度紧张的学生，以平常心对待考试，才能在考场上正常发挥自己的聪明才智，取得理想的成绩。

2006年安徽高考文科状元曹珊在总结自己的高考经验时如是说："考试临场发挥靠心态，在考场上不要给自己施压，而是应该暗示自己：只要把自己会做的题目都做对了，就是成功。一拿到试卷，我就什么也不想了，立即全身心地投入到答题中去。另外需要谨记的是，我们不能因为试卷题目的难度而影响到情绪，要不断地暗示自己：'人难我难不畏难，人易我易不大意。'遇到一时难以解答出来的题，我会先去做其他相对简单的题目，等到别的题目都解答完了，我再回过头来解答没做出来的题。这个时候我的情绪会变得很稳定，注意力也会更加集中，会比最初做题的时候更容易思考出答案。

"有些同学一上考场就脑袋一片空白，心里面发慌，结果在考试的时候连最简单的数理化公式都忘了个精光，归根结底还是心态没摆正、过分紧张所致。"

可见考试能否正常发挥，和心态有着很大的关系。很多高考状元之所以能金榜题名，这和他们强大的内心有着莫大的联系。从某种意义上来说，他们之所以能够摘得状元的桂冠，在考试中正常发挥甚至超长发挥，是因为他们有着超强的心理素质。

所以在努力学习的同时，我们也要注意对自己心理素质的培养，在考前将自己的心态调整到最佳水平，以平常心看待考试，那么我们就能在考试中正常发挥甚至超长发挥。

那么在考试之前，我们应该如何将自己的心态调整到最佳状态呢？如何保持平常心呢？

### （1）考前多练习做题，保持"手感"

在考试之前，我们不妨多做一些练习题，保持一定的"手感"，这样有助于我们保持平常心，也会让自己对接下来的考试信心十足。

2007年福建高考文科第十名曾蔚萍在高考之前就一直保持着做题"练手"的习惯。这种习惯使她能够以平常心对待即将到来的高考。最终，她取得了优异的成绩，成功考入了北京大学。

曾蔚萍认为，好的心态和平时做题有很大的关系。平时做题做得"手熟"了，对考试也就能抱有平常之心。在总复习开始的时候，学校每周六

都会进行一次文综考试,曾蔚萍觉得这种周考成绩还是其次,最重要的还是在于"练手"——熟悉这门科目的考试感,从而在最终的考试中保持良好心态。

做题做得"手熟"了,心态上自然也就从容起来,也会渐渐摸索出来一些规律。比如像大家都很头疼的文综大综合题,其实题目中都隐藏着线索,只要动笔前能找到这些线索,我们就找到了解题的方向。

在曾蔚萍看来,做题和保持心态是一种相互促进的关系:做题中找到了"手感"和规律,考试时的心态自然就变得轻松起来;而良好的心态反过来又会促使我们做更多的习题,这其实就是一种学习上的良性循环。

但需要注意的是,在考试前千万不能为了保持"手感"而搞什么疲劳战术,盲目地去做题。这种做法是很不科学的,甚至是有害的。我们可以想一想:在考前一段时间拼命"开夜车"做题,最终只会导致我们休息不好、大脑极度疲劳、内心紧张,如果我们以这样的状态走进考场,又怎么能够取得理想的成绩呢?

(2)准备好考试用品

在考试中,很多外部因素会影响到我们的情绪,比如:走到考场门前的时候发现准考证忘带了,这个时候你是不是大脑一片空白,着急得如热锅上的蚂蚁?考试开始后发现涂卡的2B铅笔忘带了,这个时候你是不是很懊悔、很着急?显然,这些情况会让我们心情变得糟糕,甚至导致考试失利,所以我们在考试之前必须采取措施,准备好考试所需的工具,做到万无一失。

一般而言,我们在考试中经常用到的工具有以下几种:准考证、身份证(高考时)、铅笔、黑色签字笔、橡皮、圆规、尺子、小刀、三角板、手表。当然,在考试之前我们也可以列一张考试用品清单,将我们在接下来的考试中用到的工具准备齐全,这样才不会影响到我们在考试中的心情。

### （3）调整好自身的考前状态

良好的考前心理状态对我们在接下来的考试中正常发挥甚至超长发挥是至关重要的。那么，应该如何做，才能在考试之前保持良好的心理状态呢？我们不妨从以下三点做起：

第一，要在内心中不断地暗示自己"我能行""考试没什么大不了的"，这样我们才会对自己充满信心。要相信自己在平常的学习中已经掌握了所有的知识，能够在考场上正常发挥，考出一个好成绩。

第二，不要胡思乱想。有的同学在考前总是会设想各种"万一"，凭空想象出种种为难自己的难题，给自己施加过大的心理压力。这其实是一种消极的心理暗示，只会让我们带着"包袱"走进考场，是非常愚蠢的行为。

第三，适当放松，保持平常心。考前我们不妨听听自己喜欢的音乐，和同学们谈谈轻松愉快的话题，舒缓一下内心的紧张情绪。这样一来，我们才能以平常心对待考试。

其实我们可以用一句话概括上面的三点：对自己进行积极的心理暗示。当我们在内心中对自己说一百遍"我能行"时，我们就真的能够在考试中考出理想成绩。

## ➡ 养成仔细审题、做题的习惯

很多同学会有这样的感触：身边的一些同学，平时不显山不露水，可到了考场上，一下子就锋芒毕露，在众多学生中脱颖而出，取得令人羡慕的成绩；而有些同学在平时很活跃，学习成绩也不错，可一到考场上就发

挥失常，成绩平平淡淡。为什么会出现这样的状况呢？其实答案很简单，有考试技巧的因素在其中发生作用。

从教几十年，我对考试技巧重要性的认识很深刻。经常会有学习水平相当的两个学生，一个在考试中懂得应变巧答，能够超长发挥，另一个则只会古板地做题，不会走捷径，最终两人的成绩有天壤之别。

所以不管我们平时学习成绩有多么优秀，掌握一定的考试技巧都是极其必要的，这样我们的知识才会插上腾飞的翅膀，才会让我们取得更理想的成绩。

2005年河北文科状元吴睿颖就非常重视考试技巧的作用。根据她的观察，很多同学往往会在考试过程中出现这样的情况：有人过于紧张，盲目地抢速度，以至于思维扩展不开；有人则缺乏时间观念，做起题来慢条斯理，没有大局观念，被某道题缠住便浪费掉大量的时间，等到发现时间不够用时，又慌忙加快做题速度，忙中添乱，忙中出错，导致正确率低下，成绩"惨不忍睹"。

吴睿颖在考试的时候善于合理分配时间，把握好答题的节奏，稳扎稳打。选择题耗时45分钟左右，遇到不会的选择题时，她也会根据自己的理解和第一感觉去选择一个选项，至于是否更改答案，会在检查时间再做决定。非选择题的时间她会控制在90分钟内，然后把考试结束前的15分钟作为专门的检查时间，重点检查之前自己拿不太准的题目。

吴睿颖对考试时间的安排，其实就是一种非常值得我们借鉴的考试技巧。要知道考试并不是按部就班的游戏，而是需要根据时间和各题难易程度灵活安排解题速度和顺序的过程。当我们摸准了解题的时间节奏，我们就能更好地在考场上进行发挥。

那么，考试过程中有哪些值得我们注意并掌握的技巧呢？

### （1）科学利用发卷后的5分钟

试卷发下来后，有些同学总是习惯性地拿起笔来抢着做题，这是非常不明智的，也是考试纪律所不允许的。这个时候我们不妨对试卷做整体的观察，浏览全卷，做到心中有数。

在拿到试卷后，我们要先按照要求在规定的地方写好姓名和准考证号、座位号，然后对试卷做整体观察，看看试卷页数是否齐全，有没有残页、缺页的情况，如果有问题要立即向监考老师反映。在了解全局后，我们最好制订出一个整体的考试方案：选择题应该怎么安排，非选择题中的哪些题需要提前做、哪些题可以放在最后做，等等。这样我们在考试时就会从容很多，思路也会清晰很多。

### （2）会做的题目要保证做对

优秀的学生也许并不能将所有的题目都答对，但为什么他们就能够考出好的成绩呢？很重要的一点是，他们能够将自己会做的题全部做对，即便有一些难题做不出来，他们也会尽量将想到的解题步骤写下来，争取一定的分数。

在我看来，考试考查的不仅是我们对知识的掌握程度，还有我们的考试技巧和心理素质。当我们在考试中能够将所有自己会做的题目都答对时，我们也就有了获得高分的基础。

很多学生在考试之后会这样抱怨："哎呀，这道题我原本会做，但是在审题的时候将数字看错了，答案也就错了，白白地丢了15分！""当时怎么会将时间都耗在那道选择题上呢？为它耽误了太多时间，后面几道题时间紧张，思考不到位，白白丢了很多分！"

可见，粗心大意、时间分配不合理等因素都会让我们做错自己原本会做的题，白白丢掉原本应得的分数。所以我们在做题前要先仔细审题，防止错看、漏看导致丢分。另外我们在考试的时候要懂得取舍，先做那些把

握大的题目，争取全部做对；对于那些压轴的难题，不必强求自己一定要做出来，可以在自己的能力范围内力争尽量多的步骤分。

（3）合理分配答题时间

在拿到试卷之后，我们要制订一个时间分配方案，初步确定各类题型所需的大体时间，这样在解题的时候就会轻松不少。有些学生在考试的时候一点儿时间观念也没有，不是做题慢条斯理的，就是为了一道题而放弃了后面的所有题目，又或者一味求快，只重速度不求质量……这些不明智的做法，都是没有对时间进行合理分配的结果，不管是哪种，都会让我们在考场上步入"歧途"。

我们应该学会"量菜吃饭"，按照每类题型所占分数的多少分配考试时间——分数多的题目分配到的时间也要相应增加一些，分数少的题目则尽量压缩解题时间。

在答题的顺序上，最好按照"先易后难"的原则：那种一看就会做的题目要先做，需要思考一会儿的题目要放在第二批次求解，而难度最大的题目则需要放在最后来解决。

# 归纳各种题型的答题技巧（让自己习惯各种答题方法）

每次考试结束后，总会有很多学生向我请教考试的技巧。面对他们各种各样的问题，我给出的答案往往都是同样一句话："考试的技巧有很多，但归根结底还是要着眼于对知识的灵活运用上。"

一旦切实掌握了一些答题技巧，我们不仅能够保证解题的正确率，还能大大提升解题的速度，为自己争取到更多的解题时间。相反，假如我们只知道一味地埋头做题，思路僵化地一步一步艰难往下走，浪费时间不说，还会增加考试负担，导致考试成绩不理想。

那么在具体的考试中，我们需要掌握哪些高效的解题技巧呢？根据题型的不同，我们可以将考试技巧归纳为以下几种：

（1）选择题的解题技巧

不管是哪门考试，一打开试卷，首先映入眼帘的往往都是选择题。而且随着考试的标准化发展，选择题所占比重也越来越大，很多对知识点的考查都会以选择题的形式出现在试卷上。

所以，要想在考试中取得更好的成绩，我们必须要将选择题做好。一般而言，选择题分为单项选择和多项选择两种类型。单项选择题只有一个正确的答案，众里挑一。当我们遇到自己熟悉的单项选择题时，会一下子发现答案；而如果对答案没有什么把握，我们不妨将几个选项比较一下，从中理出思路，或者将选项代入到题干中，倒推出答案。

至于多项选择题，答案可能是一个，也可能是多个甚至全部。相对于单项选择题，多项选择题难度加大。我们在做多项选择题时需要谨慎审题，抓住本质，利用其中我们能够确定的那个正确选项推导出其他的选项。当然，有的选项如果我们没有把握，最好不要选，这样可以避免因为一项选错而全题失分。

（2）问答题的答题技巧

问答题也是各门学科试卷上的"常客"，尤其在语文、历史、政治等文科性质的学科中出现的频率最高。可以说，我们的问答题分数高不高，直接影响我们试卷的总分数。

2014年北京高考文科状元孙一先在如何解答问答题这方面经验丰富。他认为问答题重在审题，在做题前一定要先将问题仔细地读一遍，找出问

题的关键词，弄明白接下来的作答中心是什么——答案只有围绕着这个中心才会准确。

另外在写答案的时候，一定要写出层次来，将要点逐一列出。这些要点可以作为答题的思路，我们只要循着这些要点答下去，就能保持正确的方向，不至于出现跑题现象。此外，这种答题方法还能帮助我们避免因出现遗漏而失分，要知道在判卷时，很多问答题老师都是根据要点给分的。

用一句话概括就是：我们在解答问答题时，要先审题，然后列出要点，最后再围绕着这些要点论述。如果你之前在问答题上失分比较多，不妨试一试这种答题技巧。

（3）证明题的答题技巧

在数理化试卷上，证明题会占很大的比例，每道证明题的分值通常也很高。所以答好证明题对我们提升总成绩有不小的帮助。

解答证明题的时候，我们首先要详细地审题，将已知条件列出，特别是注意发掘题目中隐含的条件——这些条件往往不是一眼就能看出来的，但它们又是我们解答问题的关键所在。所以在做题的时候，一定要注意发掘已知的和隐藏的条件。

找出已知条件后，要重点发掘已知和求证之间的关系，找出推导的定理和公式，然后再做相应的推导、论证。

## ▶ 考试之后习惯性地总结不足

在教学过程中，我经常会向学生们强调：考试不是目的，从中找出自己的不足才是最重要的。我之所以强调这一点，是因为很多学生总是习惯以分数为导向，通过成绩的高低来评判自己优秀与否。在我看来，这种倾向是不可取的，考试只是一种检测手段，如果我们在考试之后总是纠结于成绩，看不到考试背后的问题，无疑就是错上加错。

很多学生一考好了就沾沾自喜，觉得自己很厉害，甚至因此而骄傲自满，不肯再安心学习；而考不好的时候又会沮丧，觉得自己很笨，甚至因此而丧失学习的信心。可以想象一下，这样反反复复，不管是考好还是没考好，对自己的情绪和接下来的发挥都甚是不利。

而那些优秀的学生，对待考试则是另外一种表现。平日里他们也难免会有发挥不佳的时候，但很少看到他们有很大的情绪波动。这是因为，他们能够正确看待考试，他们的关注点往往集中在自己在考试中暴露出的不足上，而不是在分数上。

2013年河南高考文科状元朱坤对考试有着自己的理解。他说："在我看来，考试的作用在于查漏补缺，在于帮助我们认识到自己在学习过程中的不足。考试分数高，自然是件令人欣慰的事，但我们不应该双眼只盯着考试的分数，聪明的做法是能够从试卷中及时发现自己的不足——哪些知识点自己还没有掌握好，哪些考试技巧还需要加强。这样一来，我们才能不断地汲取经验和教训，争取在下一次考试中不再重复相同的错误。即便是没考好，也不必自怨自艾，对我来说平时偶尔没考好反倒是一件好事，因为这给了我一次在高考前发现自身不足的机会，能够让我及时地将知识漏洞补好。"

在我看来，正是因为有这种胜不骄、败不馁的精神，朱坤才能从一次次考试中及时发现自身知识体系的不足，才能在高考中取得令人羡慕的成绩。

所以在考试过后一味地关注考试成绩是很不明智的做法，聪明的学

生会在考试后将注意力转移到试卷上去，查找不足，重点分析一下错题，弄清楚自己为什么会做错。这样我们才能发现自身存在的问题，并及时纠正。

其实这一点也是优秀生和普通生之间最大的差别所在。优秀的学生总是能够将眼光放在自己身上，不断查漏补缺，完善自己的知识体系，不放过任何一处漏洞和不足。就这样日积月累，优秀者自然也就变得越来越优秀了。而那些普通学生则恰恰相反，他们总是以考试成绩论成败，却看不到自己究竟败在了什么地方。

那么我们在考试之后应该通过哪些方式来发现自己的不足呢？

### （1）分析试卷，总结解题规律，找出自身不足

不管是什么级别的考试，我们在试卷发下来之后要做的第一件事情就是仔细地分析试卷，特别是那些自己出了错的地方，总结一下为什么自己会在这里会失分、自己应该从中吸取什么经验和教训，这才是我们应该着重做的事情。

我曾经教过一个学生，他就很善于在考试之后进行总结。每次考试后的卷子他都会再仔细地看一遍，特别是自己做错的那些题，他都会认真分析一下自己做错的原因。然后再将试卷做一遍，力求满分。

而且他还对各种考试试卷进行了专门的分类，然后根据单元小考、月考、期中考试、期末考试的分类，具体研究一下各个考试中题型的共同点，摸索一下各类题型的解法技巧。

就这样，高中三年下来，他的学习成绩越来越好，最终在高考中脱颖而出，考取了自己理想中的大学。

将试卷吃透，通过研究错题及时填补自身知识体系的漏洞，研究各个题型的解题技巧，这是优秀学生身上的一个共同点。要知道考试试卷作为

检测我们学习掌握情况的一个工具，它上面的题目往往都是针对特定的知识点的，将这些试题研究透彻，我们也就对相应的重点和难点有了更深的认识，会在以后的考试中少走很多冤枉路。

### （2）及时总结自己没能考好的原因

考试考得好固然值得我们欣喜，考不好也不见得就是坏事一桩。考试成绩不佳时，我们要静下心来反思一下：为什么我们在考试中没能考好？找到答案后，我们在日后的考试中才能避免再犯同样的错误。

一般而言，考试成绩不佳不外乎下面几种原因：

第一，心理素质不好，一考试就紧张得很，导致压力大，继而影响到自己的正常发挥。针对这一点，我们不妨有针对性地进行一些心理训练来加以改善。比如可以对自己不断进行心理暗示，不断地在内心深处告诉自己："我能行""我是最棒的""我有信心"。

另外，考试中，因为遇到比较难的题目而心理紧张时，不妨试着转移一下注意力，先做那些自己把握大的题目，这样一来就能减缓我们的焦虑。当然，我们也可以通过深呼吸的方法——深深地吸气，然后再缓缓地呼出，几次下来可以有效缓解紧张的情绪。

第二，平时基础差，不努力。很多时候，考试成绩不好，还是和我们对相应的知识掌握不牢有关。这个时候没有别的捷径，我们就要脚踏实地地回头复习一遍所学知识，将自己没掌握好的知识点再重新学习一遍。

千万不要抱有侥幸心理，觉得即使自己平时不努力，考前临时复习一下也会考好。必须时刻谨记，学习必须一步一个脚印，将基础知识打牢。

第三，考试技巧不足。有时候我们虽然心理素质过硬，知识掌握得也比较牢，但答题技巧却不足，以至于在考试的时候总是机械地作答，或者思维不够严密，又或者考试时间分配不合理，造成答题速度慢，缺少灵活

性……结果造成我们的考试成绩不甚理想。

当我们从试卷中找到自己在这些方面的不足后，必须有针对性地做出调整，学习一下相应的考试技巧。这样，才会真正提高自己的考试成绩。